주택명당

사단법인 한국자연지리협회 회장 **노 영 준** 저

현장감정예

경덕 www.bookKD.com

패철 大 · 12선도

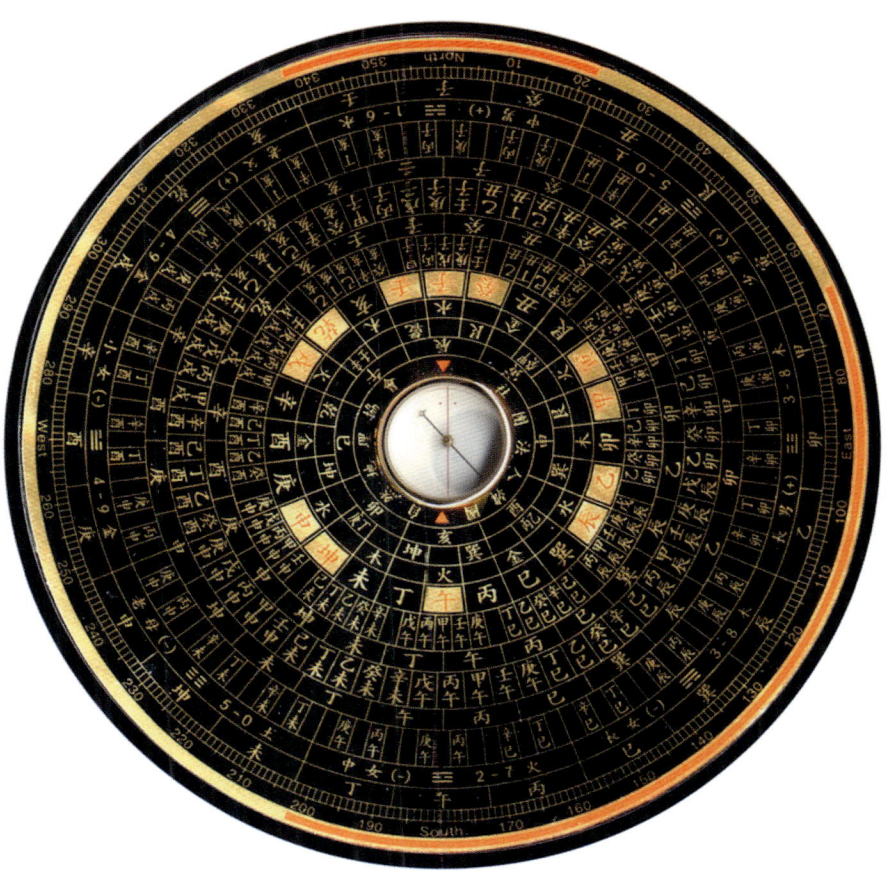

■■■ 패철(佩鐵) ■

전 세계적으로 사용되고 있는 본 패철은 사단법인 한국자연지리협회에서 제작한 것으로 국내에서는 최고의 기술로 제작된 패철임. 정교한 바늘을 사용하여 흔들리지 않고 방향을 정확하게 가리키는 것이 특징이다.

패철 中 · 9선도

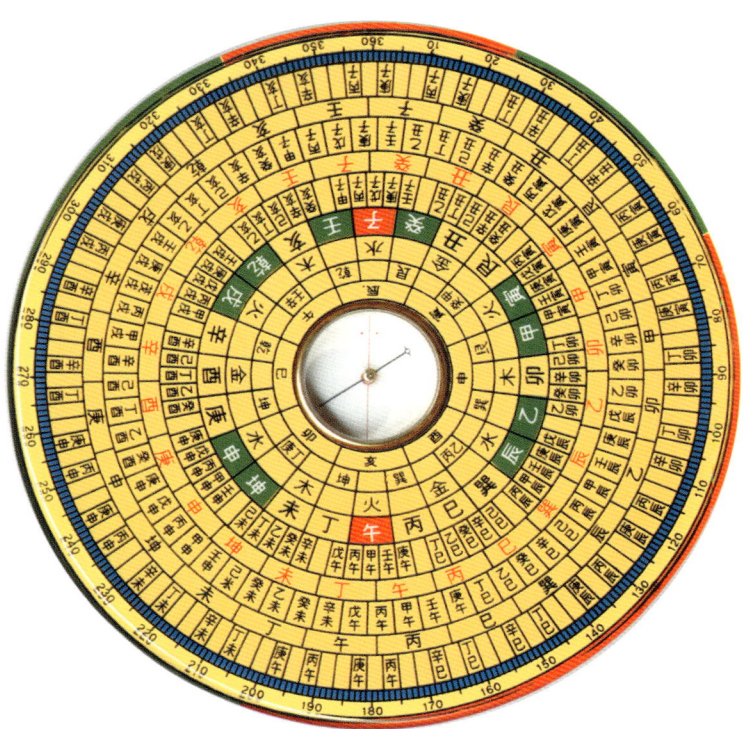

패철 小·6선도

패철 후면에 그려진
주역 8괘도

▲ 경북 구미 소재. 고 박 정희 전대통령 생가.
경북기념물 제 86호.

▲ 경상남도 의령군 소재. 고 이 병철 회장 생가.

▲ 충청남도 예산 소재. 추사 김 정희 고택.

▲ 강원도 평창근 소재. 오대산 월정사

머리말

　최근에 와서는 삶의 질이 윤택해짐으로써 풍수 인테리어라는 말이 나오게 되었고 서양에서도 많이 응용을 하고 있다.

　더구나 학술적으로 체계화되어 전문 직업인까지 배출이 되는 양상을 보이기도 한다. 프랑스, 미국, 일본 등 여러 나라에서 선풍적인 인기를 끌고 있으며 풍수 조경인테리어 사무실이 성행하고 있다.

　풍수 인테리어는 역학분야의 풍수사상에서 발전하였으며 가정이나 사무실 등 실내에서 공간과 사람과의 조화를 꾀하는 부분이면서 사람과 자연과의 미묘한 보이지 않는 기운(氣運)의 작용에 대하여 연구하는 분야이다. 결국은 동양철학적인 음양오행의 이치가 다분하다.

예를 들어서 사무실의 배치에 따라 그 곳에서 근무하고 머무르는 사람과의 주변의 환경이 인체에 미치는 영향과 앞으로 돌아오는 보이지 않는 운(運)에 대하여 행운을 바라는 행동일지도 모른다.

출입문의 위치에 따라서 책상을 어디에 두고 앉는지 또 컴퓨터나 텔레비전 같은 기물은 어느 방향에다가 둘 것인지 그리고 손님들이 앉는 소파나 의자 같은 것은 어떻게 배치해야 하는지 등에 대해 알아보고 벽면의 색깔이나 사무실의 색깔이 구조에 따라서 어떻게 달라지는지 천장의 형광등은 어떤 조화가 필요한지에 대해서 그려지는 현상이다.

뿐만 아니라 가정집에서도 무한한 풍수 인테리어의 조화가 필요하다. 방에 침대를 놓는 방향이나 잠을 잘 때 머리는 두고 자는 방향, 그리고 벽지에 색과 화장대는 어느 쪽에 두면 좋은지, 어떠한 그림이나 장식이 알맞은지 이러한 모든 것을 공부를 해야 하는 것이다.

풍수지리라고 하면 가볍게 보아 넘기는 경우가 많은데 엄밀히 따지고 보면 음양오행(陰陽五行)의 이치 속에서 정밀한 계산에서 답을 찾아야 하기 때문에 섣불리 논해서는 아무런 효과를 바랄 수 없다.

풍수 인테리어는 본인과 주변의 환경과 자연의 관계이기 때문에 이를 파악하지 않고서는 그 누구도 답을 제시할 사람은 없는 것이다.

그러므로 풍부하고 전문적인 공부와 오랜 경험 속에서 얻어지는 결과만이 가능한 것이다. 예를 들면 사람마다 가지고 있는 기운이 다르기 때문에 가령 화기(火氣)가 많은 사람에게는 이를 제압해 주는 수기(水氣)가 필요하고 반대로 수기(水氣)가 많은 사람에게는 찬 기운이 많음으로 따뜻한 화기(火氣)가 절실히 필요로 하는 관계이다.

그러므로 모든 매사가 그러하듯이 너무 강하면 제압해야 하고 너무 약하면 돕는 것이 세상의 이치이다. 앞으로 풍수 조경인테리어는 충분히 연구하고 공부해서 실생활에 많은 발전이 있기를 기원하는 바이다.

사단법인 한국자연지리협회
이사장 노 영준

차 례

■■■ **제1장** ■

- 6선(線) 패철(佩鐵)-소(小) / 21
- 9선(線) 패철(佩鐵)-중(中) / 23
- 패철(佩鐵)의 기본 사용법 / 25
- 사정방위(四正方位)와 동서남북(東西南北) / 27
- 12지지(十二地支)의 방위(方位) / 29
- 12지지에서 중앙토(中央土) / 31
- 문왕 팔괘 방위도 / 33
- 24방위가 된다 / 34
- 패철의 2字 배합 / 36
- 패철(佩鐵)을 왜 4선(線)으로 보는가? / 38
- 패철(佩鐵) 3자(字) 배합 / 40
- 주역의 팔괘가 8방위이다 / 42
- 주역 팔괘의 효 / 44
- 동사택(東舍宅)의 사방위도(四方位圖) / 47
- 서사택(西舍宅)의 사방위도 / 49
- 가상학(家相學) / 51
- 양택론(陽宅論) / 53
- 음양오행(陰陽五行)의 이해 / 56
- 오행의 상생(相生) 작용과 상극(相剋) 작용 / 62

■■■ 제2장 ■

- 공기의 순환 / 69
- 원형(圓形)의 탁자 / 72
- 출입문(出入門)과 조경(造景) / 74
- 집에도 상(相)이 있다 / 77
- 양택(陽宅)의 배합 / 80
- 가상법(家相法) / 83
- 집의 기두(起頭)를 잡는 법 / 86
- 빈곤(貧困)은 가상에서 알 수 있다 / 88
- 집의 가세 기두와 출입문에 있다 / 90
- 출입문과 기두(起頭) / 93
- 뒤에 산이 받쳐 주어야 한다 / 96
- 담장이 없으면 기(氣)가 흘어진다 / 99
- 길상(吉相)의 주택(住宅) / 101
- 길상(吉相)의 담장 / 103
- 신혼부부는 자기두(子起頭) 집이 좋다 / 105
- 삼칸집 / 107
- 식당은 계산대를 잘 놓아라 / 109
- 사무실의 원형(圓形)은 좋지 않다 / 112
- 추사(秋史) 김 정희(金正喜) 고택(古宅) 천하명당(天下明堂)이다 / 115
- 오죽헌(烏竹軒)은 천하(天下)의 명지(明地)이다 / 118
- 충(沖)하면 좋지 않다 / 120
- 가상이 충(沖)을 받으면 안 좋다 / 122
- 양택(陽宅)의 길상(吉相) / 125
- 그 집에 들어간 사람 부자(富者)되어 나가더라 / 127
- 초가 삼칸집 가난하다 / 130
- 오막살이에서 과부 홀아비가 난다 / 132
- 여자가 음탕(淫蕩)하는 가상 / 135
- 현모양처(賢母良妻)를 두는 가상 / 138
- 한일자(一字) 집 빈곤을 면치 못한다 / 141

• 대문(大門)은 사람의 입에 해당한다 / 143
• 남근형의 바위 / 145
• 도토마리 집 쌍기두다 / 147
• 풍수지리 지명(地名)과 관계있다 / 150
• 일본(日本)의 풍수지리 / 153
• 명당(明堂) 자리에서 태어나면 부귀영화(富貴榮華) 누린다 / 156
• 중국(中國)의 천안문(天安門) / 159
• 싸리문은 기(氣)를 보호하지 못하다 / 161
• 싸리문은 내실(內室)이 보인다 / 163
• 풍수 조경도 예술이다 / 165
• 뒷문 뚫린 집 좋지 않다 / 168
• 막다른 골목집 좋지 않다 / 171
• 인물을 배출하는 가상 / 174
• 사다리식 건물 형태 좋지 않다 / 176
• 저택에 따라서 정력도 좌우된다 / 179
• 중국(中國)의 비림(碑林) / 182
• 이 만기 장사 태어난 집 명당이더라 / 184
• 좌청룡(左靑龍) 어깨의 장군바위 / 186
• 고 박 정희 전대통령 생가 터 천하명당이다 / 188
• 노 태우 전대통령 생가 터 천하명당이다 / 191

■■■ 제3장 ■

• 아파트의 명당(明堂) / 197
• 아파트의 로얄층 / 200
• 아파트 생활의 취약점 / 203
• 토산(土山)의 형상 / 206
• 자문(子門)에 오기두(午起頭)는 공처가집 / 208
• 손기두(巽起頭) 집 딸이 많다 / 210
• 신혼부부는 자기두(子起頭) 집이 좋다 / 212

• 권총형의 집 충(沖) 받는다 / 214
• 금(金)에 해당하는 화분 / 217
• 가장 좋은 화분 / 219
• 양택(陽宅) - 집터가 너무 넓다 / 221
• 앞뒤에 뜰이 있는 집 / 224
• 만석지의 터 / 226
• 주택지로서 명당 / 228
• 질병(疾病)이 많은 집터 / 231
• 정력이 강해지는 저택 / 233
• 'ㄷ'자형(字形) 집 송사(訟事) 잦다 / 236
• 집의 앞뒤로 배가 나오면 고혈압 당뇨병 / 239

■■■ **제4장** ■

• 문필봉(文筆峰) / 243
• 화형산(火形山) / 245
• 문필봉(文筆峰)의 감시 / 247
• 귀석(貴石) / 249
• 계곡풍(溪谷風)은 좋지 않다 / 251
• 살풍(殺風) / 253
• 고 이 병철 회장 생가 터 / 256
• 고 이 병철 회장 생가 좌청룡(左靑龍) / 259
• 솥바위(배꼽바위) / 262
• 고 이 병철 회장 생가의 조경 / 265
• 주택 조경 / 268
• 무학대사 사리탑 자리 천하명당이다 / 270
• 팔각정(八角亭) / 273
• 강물이 많이 보이면 좋지 않다 / 275
• 쌍기두(双起頭) 가상(家相) / 278
• 가상(家相)의 빈상(貧相) / 281

• 연화산(蓮華山) 옥천사(玉泉寺) / 284
• 연화산(蓮花山)의 연화봉(蓮花峰) / 286
• 옥천사(玉泉寺)의 경내(境內) / 288
• 옥천사(玉泉寺)의 약수물 / 290
• 100년 앞을 내다보다 / 294

■■■ 제5장 ■

• 담 넝쿨은 오행에서 수(水)이다 / 299
• 은행나무는 오행에서 금(金)이다 / 301
• 오행에서 목(木)에 해당이 된다 / 303
• 오행에서 소나무는 토(土)이다 / 305
• 화(火)에 해당하는 화분 / 307
• 뜰(마당)의 조경 / 309
• 정원수는 모양에 따라 오행이 다르다 / 311
• 토형(土形)의 조경 / 313
• 대문 위에 조경수는 좋지 않다 / 315
• 귀격(貴格)의 오행(五行)이다 / 317
• 나무 담장은 토(土)에 해당이 된다 / 319
• 오대산(五臺山) 월정사(月精寺) 천하명당이다 / 321
• 주택의 조경(造景)과 인테리어 / 325
• 오행에서 단풍나무는 금(金)이다 / 327
• 오행에서 수(水)에 해당하는 화분 / 329
• 오행에서 수(水)에 해당하는 식물 / 331
• 오행에서 수(水)에 해당하는 화분 / 333
• 오행에서 살구나무 석류나무는 목(木)에 해당이 된다 / 335
• 오행에서 금(金)에 해당하는 나무 / 337
• 오행에서 토(土)에 해당이 된다 / 339
• 오행에서 향나무는 토(土)에 해당이 된다 / 341
• 오행에서 은행나무는 금(金)에 해당이 된다 / 343

• 담장 외부 뜰의 조경 / 345
• 귀격(貴格)의 식탁 / 347
• 아파트에 목기(木氣)를 채워라 / 349
• 아파트의 출입문과 기두(起頭) / 351
• 목형산(木形山)의 안산(案山) / 353

■■■ 부 록 ■

• 가상(家相)과 사주(四柱)에 맞는 그림 / 357
• 오행에서 매화(梅花) 그림은 수(水)이다 / 361
• 오행에서 난초(蘭草) 그림은 목(木)이다 / 364
• 오행에서 대나무(竹) 그림은 화(火)이다 / 367
• 오행에서 국화(菊花) 그림은 금(金)이다 / 370
• 오행에서 산수화(山水畵) 그림은 토(土)이다 / 373

주택명당

제 1 장

6선(線) 패철(佩鐵) - 소(小)

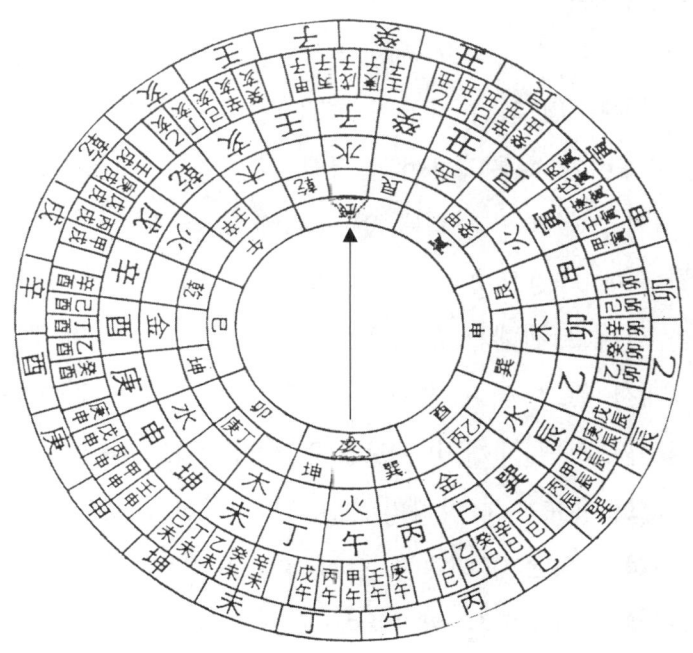

[패철 6선]

위 그림은 패철의 6선도(線圖)가 된다. 이를 두고 6층이라고 부르기도 하고 대부분 6선이라 하게 된다. 6선은 소(小)자로서 패철은 휴대용으로 주머니에 넣어 다니면서

야외에 가지고 다니면서 소지하기가 편리하다.

과거에 양반가에서는 귀부인들도 패철을 몸에 지니고 다녔는데 이것은 패철 속에 음양오행이 그려져 있어서 우주의 만물의 이치가 담겨져 있다하여 몸에 지니거나 잠을 잘 때 머리 위에 두고 자게 되면 재수가 좋다고 하였다.

특히 예부터 집의 가상이 좋지 않아서 귀신이 나온다든가, 도깨비가 나온다하여 집터의 氣가 센 곳에서 잠을 잘 때 패철을 몸에 지니거나 머리 위에 놓고 잠을 자게 되면 패철 속에 음양오행이 그려져 있어서 잡귀를 막아주는 역할을 한다고 전해져 오고 있는 것이다.

그래서 氣가 허한 사람들은 필히 패철을 몸에 지니고 다니는가 하면 개개인이 보물로 간직하기도 하였다.

패철의 용도는 다양하다. 초행길에 등산을 하는 사람들은 필히 패철을 휴대하는 것이 좋으며 외지나 외국을 여행할 때에도 패철은 필수품이다.

9선(線) 패철(佩鐵) - 중(中)

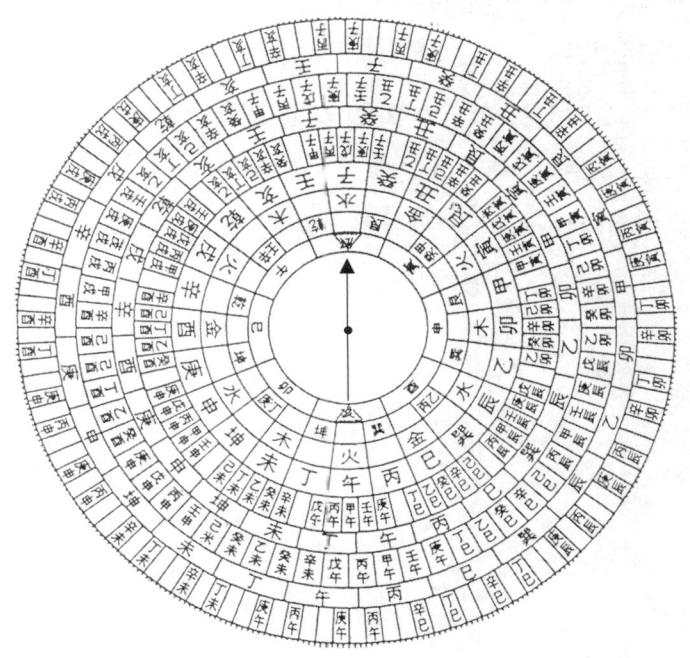

[패철 9선]

　패철의 9선도는 中에 해당이 된다. 大는 12선으로서 매우 복잡하여 책에는 실지를 못하였다. 실제로 사용하는 데에는 6선이나 9선이면 대부분은 풍수를 볼 수가 있다. 특

히 패철의 뒤 면에는 양택을 공부할 때 필요한 주역의 8괘
도가 있어서 공부하기가 편리하다.

과거에 학자들은 패철의 학문이 천문도를 축소하였다
하여 소우주 판이라 불렀으며 수집을 하여 소중히 보관하
기도 하였다.

각 가정에서는 필수품이었으며, 또는 각 개인마다 장식
품으로 보관하기도 하였다. 과거 중국에서는 24선까지도
만들어서 천문지리를 관찰하거나 학문적으로 우주의 만물
을 설명하기도 하였다.

패철(佩鐵)의 기본 사용법

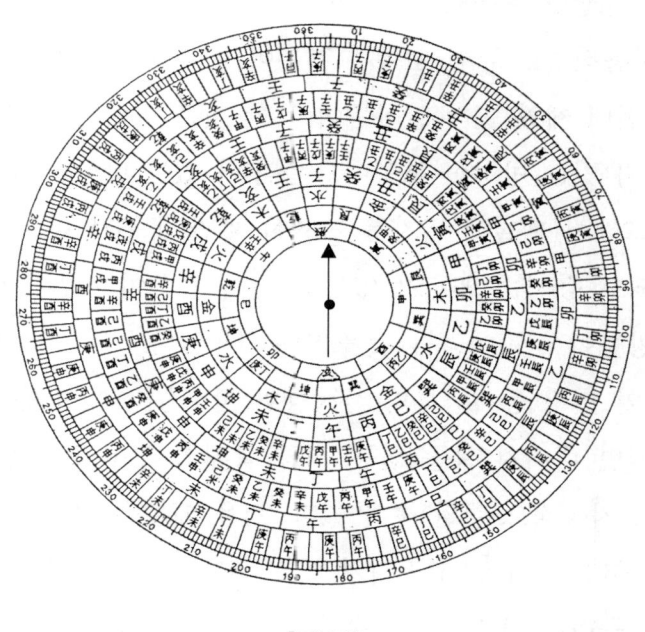

[패철]

풍수지리를 공부하지 않고도 누구나 가정에서나 직장에서 동서남북의 방향을 알 수 있는 법을 설명하고자 한다. 패철은 중앙에 자석이 부착되어 있다. 제일 먼저 알아야 할 점은 패철의 바늘이 항상 남북(南北)으로 가리키고 있다는 점이다.

그 이유는 지구의 남극과 북극에서 자기력(磁氣力)이 발생하기 때문에 자석의 마이너스와 플러스를 이용하여 서로 밀고 당기는 힘을 이용하여 만들어진 것이다. 그래서 바늘 끝이 몽땅한 부분이 항상 북쪽으로 가게 되어 있다. 그러면 자동적으로 끝이 뾰족한 부분이 남쪽을 가리키게 된다.

그런데 제일 먼저 알아두어야 할 것은 십이지지 중에서 子字가 있는 방향이 북쪽이고 午字가 있는 방향이 남쪽이다. 그래서 패철에 글자를 자세히 보면 子午가 바로 남북이 되고 동서는 卯字가 있는 방향이 동쪽이고 酉字가 있는 방향이 서쪽이라는 것을 알 수가 있다.

제일 먼저 동서남북의 사정방위(四正方位)의 방향을 알게 되면 나머지 북동 남동 서남 북서의 사우방위(四隅方位)도 자동적으로 알 수가 있다. 처음 패철을 접하는 이들은 바늘을 子午로 고정시켜 놓고 좌향(坐向)을 알려면 패철을 돌려서 보면 된다. 패철은 子 글자에다 바늘의 몽땅한 부분을 고정시켜 놓고 패철을 4선에 있는 십이지지의 글자를 돌아가면서 보게 되는 것이다. 그래서 패철을 보려면 천간과 지지의 오행을 필히 외워두어야 한다.

풍수지리와 역학의 학문은 같은 맥락으로서 공부를 함께 하게 되면 음양오행을 능숙하게 외울 수 있어서 패철을 보고 응용하는 데에도 편리하다.

사정방위(四正方位)와 동서남북(東西南北)

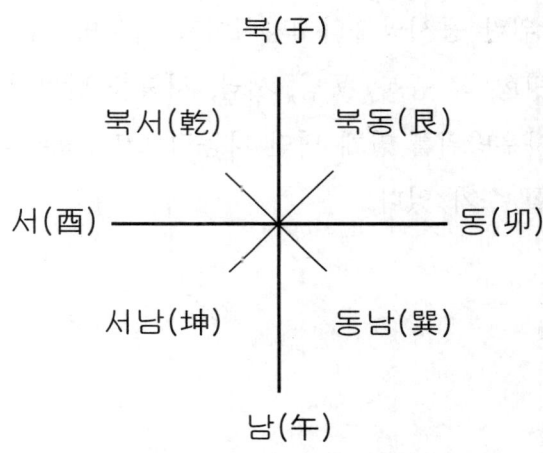

북(子)

북서(乾)　　　　북동(艮)

서(酉) ─────────── 동(卯)

서남(坤)　　　　동남(巽)

남(午)

▶ 사정방위(四正方位) - 동, 서, 남, 북
▶ 사우방위(四隅方位) - 북동, 동남, 서남, 북서

패철의 바늘이 북쪽과 남쪽을 가리키게 되면 동서는 자동적으로 알 수가 있다. 卯字가 있는 방향이 동쪽이고 酉字가 있는 방향이 서쪽이다.

그렇다면 좌(坐)를 알고 싶은 물체가 북쪽에 子 방향에 있다면 이것을 자좌(子坐)라고 한다. 좌의 반대쪽의 마주 보는 방향을 향(向)이라 부르게 되므로 향(向)은 오향(午向)이라 하게 된다. 물체가 동쪽의 묘(卯) 방향에서 서쪽의 유(酉) 쪽으로 보고 있다면 이것은 묘좌(卯坐)이고 유향(酉向)이라 부르게 된다.

사정방위란 동서남북의 4방위이고 사우방위란 그 사이 사이의 방향 즉 동북, 동남, 서남, 서북을 말함이다. 사정방위와 사우방위를 알게 되면 자동적으로 8방위를 능숙하게 이해할 수가 있다.

12지지(十二地支)의 방위(方位)

[십이지지의 방위]

 패철을 볼 때 가장 기본적으로 알아야 할 것은 우선 패철 속에 새겨진 글자가 왜 있는지, 어떻게 보는 것인지 이해를 해야 한다. 맨 먼저 패철 4선에서 보게 되면 12지지가 자(子), 축(丑) 인(寅), 묘(卯), 진(辰), 사(巳), 오(午), 미(未) 신(申), 유(酉), 술(戌), 해(亥)가 원을 그리고 있다. 기본적으로 12방향을 나타나게 되어 있다는 것을 알 수 있다. 그래서 12좌(坐)가 되는 것이다. 12지지가 원을 그리고 있음으로써 상대적으로 마주 보는 글자를 두고 향(向)이라 부르게 된다.

- 자좌(子坐)이면 오향(午向)이 되고,
- 축좌(丑坐)이면 미향(未向)이 되고,
- 인좌(寅坐)이면 신향(申向)이 되고,
- 묘좌(卯坐)이면 유향(酉向)이 되고,
- 진좌(辰坐)이면 술향(戌向)이 되고,
- 사좌(巳坐)이면 해향(亥向)이 되고,
- 오좌(午坐)이면 자향(子向)이 되고,
- 미좌(未坐)이면 축향(丑向)이 되고,
- 신좌(申坐)이면 인향(寅向)이 되고,
- 유좌(酉坐)이면 묘향(卯向)이 되고,
- 술좌(戌坐)이면 진향(辰向)이 되고,
- 해좌(亥坐)이면 사향(巳向)이 된다.

패철을 처음 대하는 이들은 좌이며 향은 무엇을 뜻하는지 혼돈하는 경우가 있다. 쉽게 설명하면 좌는 본인을 뜻하고 향은 상대를 말함이다.

12지지에서 중앙토(中央土)

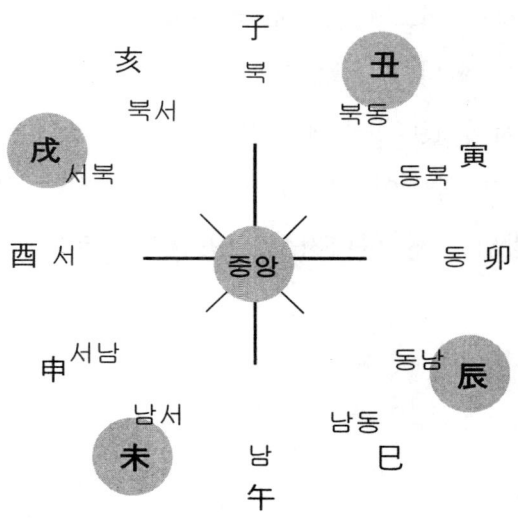

[중앙토의 방위]

▶ 중앙토(中央土) - 辰戌丑未

12방위에서 좌마다 방향이 돌아가면서 각각 다르다. 맨 먼저 子가 북쪽이면 丑은 북동쪽 寅은 동북쪽, 卯는 동쪽 이다. 辰은 동남쪽이 되고 巳는 남동쪽 午는 남쪽이다. 未 는 남서쪽, 申은 서남쪽, 酉는 서쪽이다. 戌은 서북쪽, 亥

는 북서쪽 이렇게 해서 12방향 12방위가 된다.

예를 들어서 패철을 놓고 본인이 잠을 잘 때 어느 방향으로 머리를 두고 잠을 자는지 또는 방문이 어느 쪽으로 나와 있는지를 정확하게 알 수가 있고 자녀들이 공부를 하는데 책상을 어느 방향으로 놓아야 가장 좋은지 등등을 파악할 수가 있다.

위 도표에서 辰戌丑未에 원을 그려놓은 것이 土에 해당이 되며 土는 중앙이 됨으로써 중앙토 방위라 하며 12방위에서 8방위를 뺀 나머지를 土방위라 부르게 되는 것이다.

문왕 팔괘 방위도

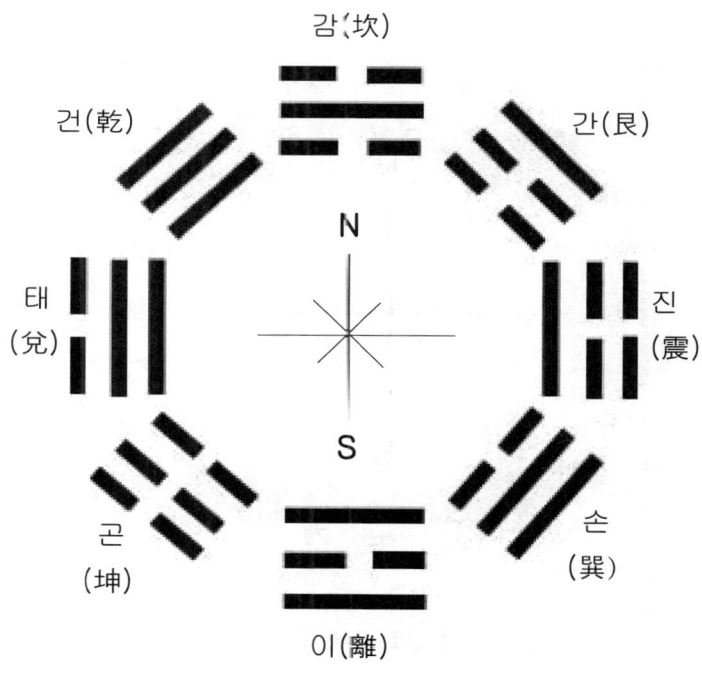

[팔괘도]

8방위는 낙서(洛書)에 의거한 문왕 후천 팔괘도로서 풍수지리에서 사용하고 있다. 특히 양택 풍수에서는 주역의 8괘를 기준으로 화복(禍福)을 논하게 된다.

24방위가 된다

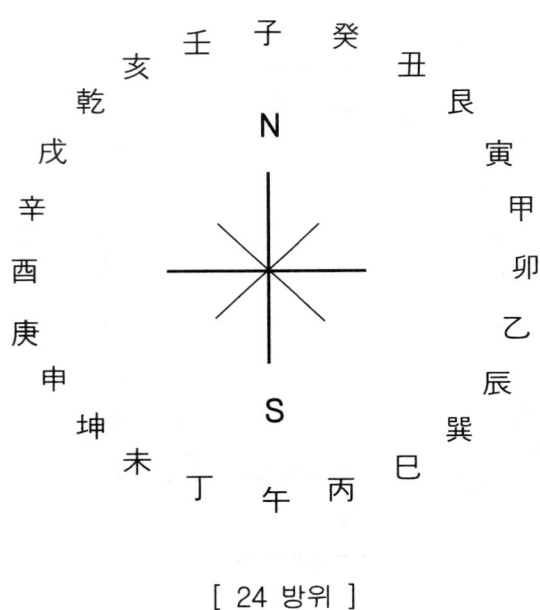

[24 방위]

　패철의 4선에서 12지지만 사용하게 되면 12방위가 된다. 그러나 천간 8字와 주역의 8괘에서 간(艮), 손(巽), 건(乾), 곤(坤)의 4字를 포함하여 12字를 추가 하여 24방위로 보게 된다.

　천간과 주역의 괘를 같이 넣은 이유는 음양에서 천간은

남자요 양이고 지지는 여자요 음으로 보게 되므로 음양으로 짝을 지으려는데 지지가 12字이고 천간은 10字밖에 되지 않는다.

그 중에서도 戊己는 土가 되므로 이를 제외시키면 천간은 8字 밖에 되지 않아서 짝을 맞출 수 없으므로 주역의 8괘에서 건곤간손(乾坤艮巽)의 4자를 추가하여 12字를 만들어 천간과 지지가 24방위로서 짝을 맞추게 됨으로써 음양의 조화를 이루게 된 것이다.

패철의 2字 배합에서는 천간과 지지를 포함하게 되면 24字가 되나 24방위라고 부르지 않고 2字 배합으로 계산을 해서 12방위로 보게 된다. 물론 한자씩만 읽게 되면 24방위가 된다.

패철의 2字 배합

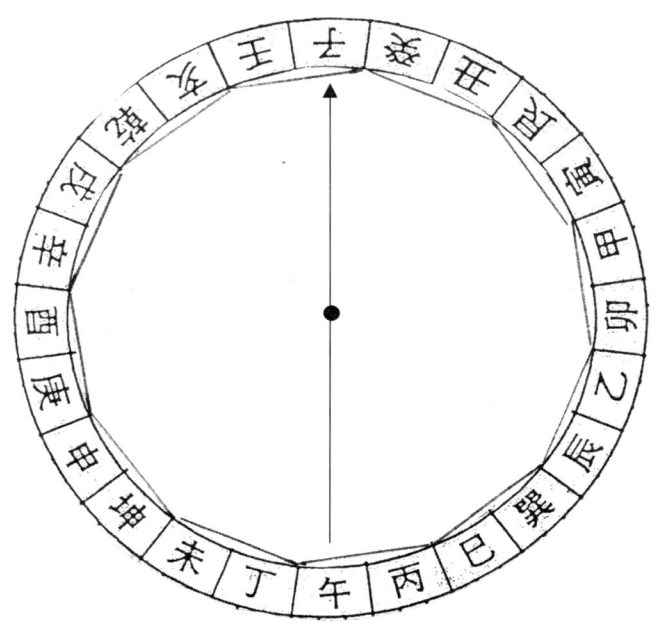

패철에서의 배합이란 무엇을 의미하는가? 우리는 지금
까지 자좌(子坐), 축좌(丑坐), 인좌(寅坐)라 하여 12지지를
그대로 불렀다. 그러나 이것은 사람으로 보면 결혼은 하지
않고 단신일 때를 생각하면 된다. 정상적인 사람이 가정을
꾸미고 부부가 되듯이 패철에서도 마찬가지로 천간과 지

지가 한 쌍을 이루게 된다.

　자좌(子坐)에는 壬이 붙어서 임자(壬子)가 되고 다음은 계축(癸丑), 간인(艮寅), 갑묘(甲卯), 을진(乙辰), 손사(巽巳), 병오(丙午), 정미(丁未), 곤신(坤申), 경유(庚酉), 신술(辛戌), 건해(乾亥) 이렇게 해서 2자씩을 붙여서 부르게 된다.

　이를 두고 정배합(正配合) 또는 2字 배합이라고 하게 되는데 양택 풍수에서는 3字 배합으로 부른다. 2字 배합이 필요한 이유는 음택 풍수에서 2字 배합이 필수적으로 쓰이게 된다.

　양택 풍수를 공부 할 때에는 3字 배합으로 붙이게 됨을 꼭 기억하고 혼돈이 없어야 한다.

패철(佩鐵)을 왜 4선(線)으로 보는가?

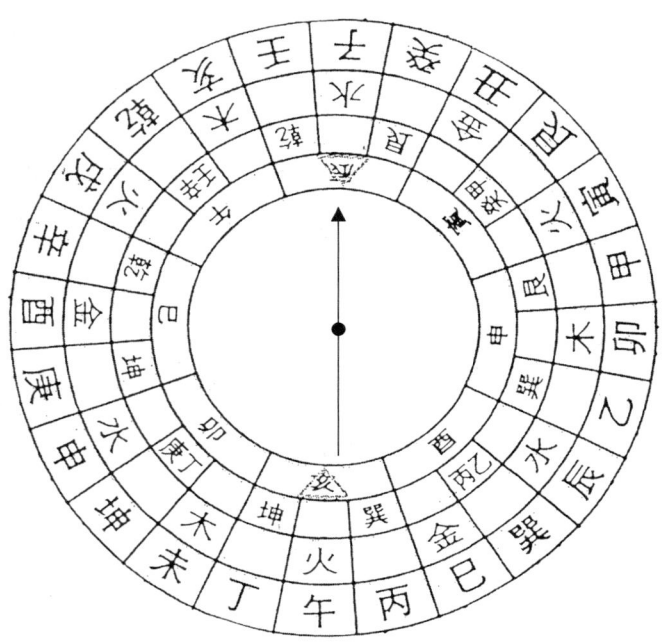

　　패철을 볼 때 왜 4선을 먼저 보고 4선 위주로 보게 되는지 궁금해 할 것이다. 앞에서 말한 바와 같이 패철의 4선에는 지지와 천간이 어울려 있으므로 가장 중심이 된다.

　　1선, 2선, 3선, 4선, 5선, 6선이 있는데 12지지와 천간의 오행이 들어 있음으로 4선을 위주로 보면서 1선과, 2선, 3

선, 4선, 5선, 6선은 점차적으로 공부를 하게 된다.

　패철 소(小)는 6선까지가 있고 중(中)은 9선까지 있고 대(大)는 12선까지 있다.

　근래에 와서는 풍수지리를 공부하는데 패철의 4선위주로 보게 되며 화복을 논할 때에는 5선 6선까지 쓰게 되며, 특별할 경우에는 9선까지도 쓰이게 된다. 그러나 학문적으로 공부를 할 때에는 12선까지 사용이 가능하다.

　과거에는 풍수지리를 공부하면서 패철을 보는 법을 몰라 몇 년씩 배워야 터득이 가능하였으나, 근래에는 이렇게 패철을 보는 법을 서적으로 상세히 설명해 줌으로써 누구나 관심을 기울이면 양택 풍수지리를 누구라도 쉽게 터득을 할 수 있는 것이다.

패철(佩鐵) 3자(字) 배합

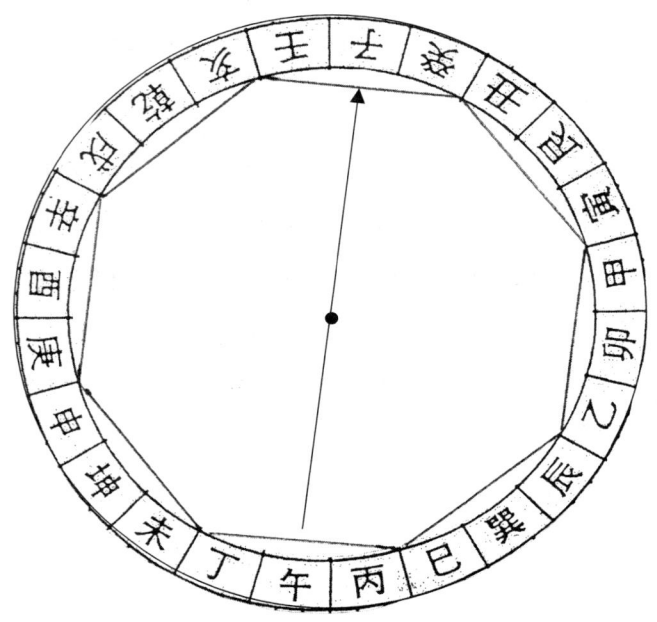

　　패철의 3字 배합이란 자좌(子坐), 계좌(癸坐), 축좌(丑坐) 이렇게 한자씩 부르던 것을 임자계(壬子癸), 축간인(丑艮寅) 이렇게 3字로 부르게 된다.

　　패철에는 음양에 조화가 있다. 임자계(壬子癸)하게 되면 임(壬)은 천간이요, 자(子)는 지지의 좌이다. 그렇게 되면 임(壬)은 남자요 양(陽)에 해당이 되고 지지의 자(子)는 음(陰)이요 여자에 해당이 된다.

남자와 여자가 만나서 한 쌍의 부부를 이루었다. 그렇다면 계(癸)는 아들로서 하나의 가족구성이 되는 것이다.

그러므로 양택에서는 반드시 임자계(壬子癸), 축간인(丑艮寅), 갑묘을(甲卯乙), 진손사(辰巽巳), 병오정(丙午丁), 미곤신(未坤申), 경유신(庚酉辛), 술건해(戌乾亥)의 8개의 좌가 나오게 되는데 이것이 주역의 8괘이다.

가령 북쪽에서 남쪽으로 지어진 집이라면 보통 자좌(子坐)라고 하나 원래 학문적으로는 임자계(壬子癸)로 불러야 옳다.

양택에서는 반듯이 3字로 좌가 만들어진다는 사실을 염두에 두어야 한다. 이를 두고 3字 정배합(正配合)이라 한다.

3字 정배합은 양택풍수를 볼 때 사용함으로써 양택은 살아 있는 사람의 거처를 보는 것으로 반드시 번창하고 번성하는 뜻이 있다.

주역의 팔괘가 8방위이다

양택 풍수에서 패철을 보는 방법은 매우 간단하다. 패철을 맨 먼저 子午로 맞추어 패철 바늘에서 못대가리처럼 몽땅한 부분이 북쪽을 가리키고 자동적으로 뾰족한 부분이 남쪽을 가리키게 된다.

子가 있는 쪽이 북쪽이고 午가 있는 쪽이 남쪽이 된다.

패철의 맨 바깥 부분을 자세히 살펴보면 붉은 선으로 동사택(東舍宅)과 서사택(西舍宅)으로 음양의 표시가 되어 있다.

만약에 패철의 앞쪽 부분이 어렵다면 패철의 뒷면을 보면 주역 8괘도가 위 그림과 같이 상세히 그려져 있으므로 방위를 맞추어 활용을 하면 된다.

- 북(北)쪽은 중남수(中男水)
- 남(南)쪽은 중녀화(中女火)
- 동(東)쪽은 장남목(長男木)
- 서(西)쪽은 소녀금(小女金)
- 동북(東北)쪽은 소남토(小男土)
- 동남(東南)쪽은 장녀목(長女木)
- 서남(西南)쪽은 노모토(老母土)
- 서북(西北)쪽은 노부금(老父金)

1선에는 주역 8괘의 효(爻)가 그려져 있다. 이것 또한 상세히 외워 두어야 패철을 보는데 익숙해질 수 있다.

주역 팔괘의 효

건괘	곤괘	진괘	손괘
↓	↓	↓	↓
노부금	노모토	장남목	장녀목
(老父金)	(老母土)	(長男木)	(長女木)
서북	서남	동	동남

감괘	이괘	간괘	태괘
↓	↓	↓	↓
중남수	중녀화	소남토	소녀금
(中男水)	(中女火)	(小男土)	(小女金)
북	남	북동	서

※ 동사택(東舍宅)은 감이진손(坎離辰巽)이고
  서사택(西舍宅)은 건곤간태(乾坤艮兌)이다.

감괘(坎卦) : 위와 아래는 모두 빠지고 내면에만 힘을 간직하게 되는 모습으로 물이 스스로의 형태를 갖추지 못하고 주변 환경에 의하여 변화하게 된다.

이괘(離卦) : 움직임은 마치 활활 타고 있는 불의 형상과 같다.

진괘(震卦) : 움직임이 마치 우뢰처럼 폭발적이고 활달하다 하여 강하고 활동적인 것을 뜻한다.

손괘(巽卦) : 움직임을 풍(風)에 비유하여 지상에 뿌리를 두지 않고 흩날리는 모습이다.

건괘(乾卦) : 움직임이 하늘처럼 굳건하다. 권위와 명예의 뜻이 있다.

곤괘(坤卦) : 움직임은 넓은 대지와 같이 모든 것을 수용할 수 있는 모습이다.

간괘(艮卦) : 움직임의 활동을 끝내고 내부적으로 더 폭발할 에너지가 없는 휴화산의 모습에 비유된다. 모든 만물의 움직임을 끝낸 상태를 표현한다.

태괘(兌卦) : 움직임은 마치 연못의 고요함 위에서 표면이 흔들리는 모습으로 비유하여 택(澤)이라고도 한다.

- **건삼연(乾三連)** : 건괘는 3개의 효가 모두 연결되어 있다. 모두 양(陽)이므로 아버지이다.

- **태상절(兌上絶)** : 태괘는 제일 위 효가 떨어졌다. 세 번째가 음(陰)이므로 막내딸이다.

- **이허중(離虛中)** : 이괘는 가운데 효가 떨어져 허하다. 가운데가 음이므로 가운데 딸이다.

- **진하련(震下連)** : 진괘는 제일 아래 효만 연결되어 있다. 처음이 양이므로 큰아들이다.

- **손하절(巽下絶)** : 손괘는 제일 아래 효가 떨어져 있다. 처음이 음이므로 큰딸이다.

- **감중연(坎中連)** : 감괘는 가운데 효만 연결되어 있다. 가운데가 양이므로 가운데 아들이다.

- **간상련(艮上連)** : 간괘는 제일 위 효만 연결되어 있다. 세 번째가 양이므로 막내아들이다.

- **곤삼절(坤三絶)** : 곤괘는 3개의 효 모두 떨어져 있다. 모두 음이므로 어머니이다.

동사택(東舍宅)의 사방위도(四方位圖)

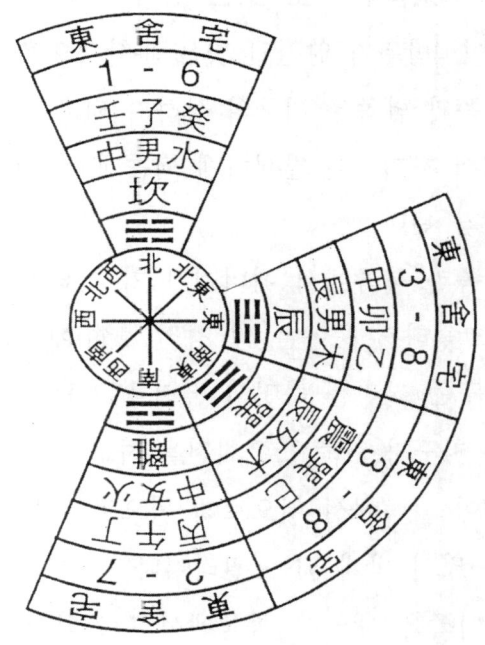

[동사택의 4방위도]

　　양택 풍수는 주역 8방위로 길흉화복을 논하게 된다. 8방
위 중에서 위 그림과 같이 북쪽을 임자계(壬子癸)로 중남
수가 되고 남쪽은 병오정(丙午丁)으로 중녀화가 된다.

그리고 동쪽은 갑묘을(甲卯乙)로서 장남목이 되고 동남쪽은 진손사(辰巽巳)로서 장녀목이 된다.

8방위 중에서 이 4방위가 양절(陽節)에 해당이 되므로 동사택(東舍宅)으로 또는 양사택(陽舍宅)으로 부르고 있다. 이 4방위가 양절인 것은 과학적으로 해석이 가능하다.

북쪽과 남쪽은 지구의 상하가 되고 지구는 남극과 북극점에서 자기력이 발생하게 되는데 이 자기력은 지구의 에너지가 된다.

남쪽과 북쪽에서 에너지가 가장 많이 발생하는 원리이다. 그렇다면 동쪽은 왜 양절(陽節)에 해당되는가?

지구는 좌전을 하면서 공전을 거듭하고 있다. 좌전이라 함은 지구가 좌측으로 회전을 하고 있는 것이다. 그러므로 태양이 좌측에서 떠오르게 됨으로써 동쪽이 태양의 에너지를 많이 받게 되는 원리이다.

동남쪽은 태양이 동쪽에서 떠올라서 남쪽으로 이동을 하면서 서쪽으로 넘어가기 때문에 동쪽 다음으로 에너지를 많이 받게 되므로 양절에 해당이 된다.

이렇게 해서 지구의 에너지가 가장 강한 북쪽과 남쪽 그리고 태양의 기운을 가장 많이 받는 동쪽 그리고 동남, 남 이 4방위를 양사택으로 부르고 동사택이라고 부르거나 된다.

서사택(西舍宅)의 사방위도

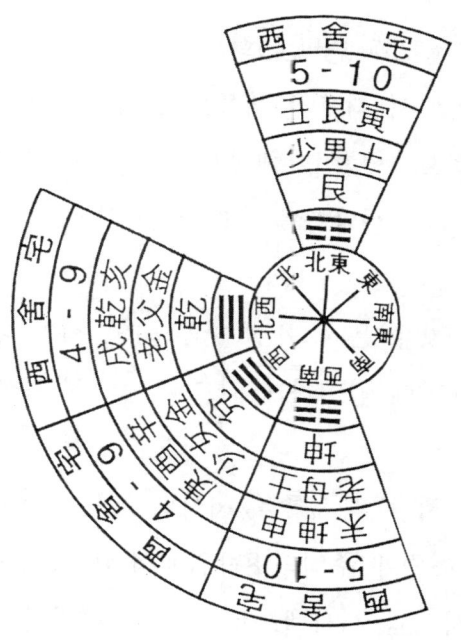

[서사택의 4방위도]

　풍수지리의 양택에서는 주역의 8괘로서 길흉화복을 논
한다. 앞에서 설명한대로 동사택인 양절을 제외하면 남은
4방위는 서사택(西舍宅)이 되고 즉 음사택(陰舍宅)이 된다.

동북쪽 축간인(丑艮寅) 좌를 소남토(小男土)라 한다. 이 것은 12지지에서 丑의 달은 12월로서 가장 추운 계절이고 지구가 약간 기울어질 때가 가장 춥고 음기(陰氣)가 강해 진다.

그리고 서남쪽은 노모토(老母土)의 미곤신(未坤申) 좌가 되는데 태양이 동쪽에서 떠올라 서쪽으로 넘어가게 된다. 남쪽을 지나서 서쪽으로 넘어가게 되면 서남쪽에도 음의 기운이 들게 되어 있다. 서남쪽을 그래서 음사택으로 부르 게 된다.

서쪽의 소녀금(小女金)은 경유신(庚酉辛)의 좌가 된다. 이것은 서쪽으로 태양이 넘어가게 되므로 당연히 음에 해 당이 된다.

그래서 북동, 서, 서남, 북서쪽을 서사택 또는 음사택이 라 부르는 것이다. 이렇게 주역의 8방위에서 4방위씩 음양 으로 나누어서 동사택과 서사택으로 구분을 하였다.

양은 양대로 배합을 맞추고 음은 음대로 배합을 맞추면 귀격(貴格)의 가상이 될 수가 있다.

가상학(家相學)

집의 생김새와 구조의 변화에 따라서 그 속에서 살고 있는 인간이 천태만상으로 변화되고 있다. 가령 살풍이 직접 들어가는 방향에 대문이 있을 경우에는 그 집에서 사는 사람은 여지없이 병마에 시달리거나 성격이 흉폭해지

게 되는 것이고 반대로 온화하고 따뜻한 순풍이 출입문으로 들어오게 되면 이 집에서 살고 있는 사람들은 마음이 어질고 군자다운 성격으로 변질되어 가는 것을 우리는 알 수가 있다. 마음이 편안하고 안정이 된다면 필시 건강이 좋아지게 될 것은 틀림이 없다.

가령 인간은 선조에 의해서 유전적인 것이라면 조상이 어떠한 좋은 가상에서 태어나서 자랐느냐에 따라서 후손들에게도 그 영향이 미치게 될 것이다.

집터가 좋고 가상도 방향에 의해서 기두(起頭)와 대문과의 구조가 정확하다면 그 인자 자체가 변화되어 가게 될 것은 뻔한 일이다.

이러한 관계로 과거 우리 조상들은 집을 하나 짓더라도 자자손손 대대로 물려주고 먼 훗날 자손에까지 물려주기 위해서 온갖 정성과 심혈을 기울여 신경을 써 왔던 것이 사실이다.

양택론(陽宅論)

가상학이란 양택론에서 기준이 되는 것이다. 양택(陽宅)은 음택(陰宅)과는 모든 것이 반대 되는 것이다. 양택이 살아 있는 사람이 생활하는 터전이라면 음택은 죽은 사람이 묻혀 있는 유택인 것이다.

살아 있는 사람은 움직이고 돌아다니면서 살다가 이사

를 하게 되고 자주 옮겨 다니는가 하면 음택이란 망자가 묻혀 있는 묘 자리인 만큼 한번 묻히게 되면 영구히 그 자리에 머물고 있다는 것이 다르다.

개발이나 이장을 하여 간혹 옮겨지기도 하지만 이것은 극소수이고 대개는 오래도록 영구적으로 묻혀서 한자리에 있게 되는 경우가 많다.

그리고 양택은 집에서 살면서 환경을 자주 바꿀 수가 있다. 그러한 부분에서 큰 차이점이 있다.

이러한 관계로 음택은 좋은 땅 또는 명당에 묘지를 했다하더라도 몇 십 년 내지는 몇 백 년에 걸쳐서 발복(發福)을 논하게 되는 경우가 있지만, 반면에 양택이란 가상에 따라서 몇 개월 내지는 몇 년 내로 그 영향이 나타나게 되는 만큼 가상의 구조에 따라서 짧은 시간에도 천차만별로 길흉이 나타나기 때문에 양택에 대해서 더욱 많은 관심을 가지는 것이다.

과거에는 풍수지리하면 음택을 중요시하고 양택에는 대수롭지 않게 생각을 해 왔던 것도 사실이다.

그러나 과학이 발전하고 산업사회가 정착하면서 인간의 삶에 질이 윤택해짐으로써 살아 있는 사람이 안락하고 행복하게 살 수 있는 길은 얼마든지 개발하고 연구되고 있는 것이다.

서양에서도 양택의 학문에 원리가 방위에 있고 방위는 공기의 저항과 관계가 있다는 점을 인식하면서 급속도로 연구가 되었다.

　그러면 가상의 방향과 출입문에 대해서 길흉화복을 논해 보기로 한다. 특히 음양오행과 천간(天干), 지지(地支)에 대하여 설명을 하게 되는데 이것은 풍수지리를 공부하려면 첫째는 음양과 오행을 잘 이해하지 못하면 양택론을 논하는 것이 불가능하다고 보기 때문이다.

음양오행(陰陽五行)의 이해

인간의 생성과 소멸은 우주의 순환의 이치이다. 태양과 수성(水星), 목성(木星), 화성(火星), 토성(土星), 금성(金星)은 달이 지구와 멀고 가까워질 때 생기는 변화에 이치에 의해서 우리 인간이 영향을 받으며 살아 가게 된다.

우리가 살고 있는 지구는 태양을 구심점으로 자전과 공전을 거듭하고 있는 하나의 별이다. 그 별들의 원소는 물(水), 나무(木), 불(火), 흙(土), 쇠(金)의 오행으로 이루어져 있다.

태양과 달, 태양과 지구, 지구와 달의 관계를 음양으로 크게 두 가지로 구분함에 있어서 한편으로 대립되고 한편으로는 동반자로서 남녀를 연상케 하여 매우 좋은 관계로 발전하기도 한다.

이 두 가지 중에 어느 하나라도 기울거나 한쪽이 약하게 되면 극과 극으로 치닫게 되는 것이 음양의 이치이다. 그래서 하늘과 태양을 양으로 구분하고 지구와 물은 음으로 구분한다.

음양의 이론이란 천지만물이 순환하면서 돌고 돌아가는 것이 마치 수레바퀴가 돌아가고 기어가 맞물려 톱니바퀴처럼 돌아가기 마련이다.

가령 태양은 양의 기운 그 자체이다. 열은 끊임없이 움직이고 지구에 양기를 만들어주어 생명을 주는 핵심적인 에너지원이다.

하늘과 태양은 높고 밝은 양인 반면, 지구와 물은 낮음을 뜻하고 태양이 비춰지지 않으면 어둡고 싸늘한 것이 음인 것인데 이것은 물의 성질을 뜻한다.

양은 남자요 음은 여자를 뜻함이니 하늘과 태양은 남자요 양인 반면에 음은 달과 땅을 말함이다.

그 속에서 음과 양이 조화를 이룬다는 것은 남녀가 결합하여 자식을 생산하는 것이며 그것은 곧 가정과 사회 나아가 국가를 형성한다. 조화의 과정은 생성과 소멸 그리고 변화를 거듭한다.

그러므로 생명은 존재하기 위하여 운동하고 변화하기 위해 교육을 받고 여러 분야에서 혼신을 태우는 것이 아니겠는가!

오행을 상징하는 숫자로는 물은 1, 6번 나무는 3, 8번 불은 2, 7번 흙은 5, 10번 쇠는 4, 9번이다.

이 다섯 가지의 오행이 처음 쓰인 것은 중국 은나라 때

서경(書經)에서부터 기록되어 있다는 것인데, 홍범구주도에 기록한다. 홍범은 기자(箕子)가 무왕에게 간한 글로 전해진다. 여기서 다음과 같이 기록한다. 오행의 이치는 처음에는 수(水)인데 물은 흘러내리는 곳에 있다 하였으니 높은 산꼭대기에서부터 흘러내리면서 만물을 적시고 만물에게 자기가 가진 영양분을 공급하고 개울로 냇가로 강으로 흘러서 바다에 도달하니 짠 맛만 남았더라 하여 물은 흘러내림을 뜻하며 흘러내림은 짠 맛을 만들어 낸다는 것이다.

그리고 2번인 화(火)는 타오르는데 위로 퍼지는 것이며 위로 올라가는 것을 뜻하며 열심히 자기 몸을 부풀려 태우고 나니 입맛이 쓰다 하여 쓴 맛을 만든다는 것이다.

3번인 나무 목(木)은 굽고 곧은 것이 특징이요 자라남을 뜻하며 위로 올라가는 습성을 가지고 있다. 나무의 결실은 열매가 달려 무르익으면서 신맛을 내므로 나무는 신 맛을 만들어낸다는 것이다.

금(金)은 4번인데 원래 金의 성격은 빛을 내는데 있어 주저함이 없고 金의 성질은 변화무상하여 우리 인류사회에도 적지 않은 발전을 주었다. 그래서 금(金)의 성격은 변질됨으로써 녹여서 금반지도 만들고 온갖 장식품을 만들어낸다. 그것은 매운 맛에서 비롯된다.

그리고 흙(土)은 5번으로 우리 인류는 아주 먼 선사시대부터 흙에서 살면서 열매와 식물을 채취해서 삶을 누려왔듯이 완전한 농경문화를 이루는 데까지는 흙에서부터 삶의 지혜를 얻어왔다.

그래서 우리는 땅에서 태어나서 땅에서 삶을 영위하다가 결국은 죽어서도 땅속으로 묻히게 되는 대자연의 순환 속에서 이어져왔다. 흙에 맞는 맛은 단맛을 내는데 그 뜻이 있다.

이 오행의 다섯 가지로써 과거 철인들은 음과 양, 그리고 오행을 만들어 철학적인 학문을 전성케 하였다. 오행에는 음양이 함께 있어서 서로 맞물려 돌아가고 있으며 자연의 원리를 이해하게 되면 곧 인간을 이해할 수 있는 지혜가 여기에 있는 것이다.

※ 각 오행의 속성

- **水(물)의 속성** : 水의 성질은 차갑고 서늘한 특성이 있고 아래로 흐르는 특성이 있다. 자연계의 사물과 현상 중 아래로 향하는 것은 모두 수의 기질에 속한다. 수가 많으면 고집이 센 반면 남에게 베푸는 일을 잘하게 된다. 만물이 살아나가기 위한 가장 중요한 요소는 물이다.

●**木(나무)의 속성** : 나무는 위로 자라나는 성질이 있다. 木의 성질은 변동이 되기 쉽고 자연계의 작은 미풍에 도 흔들리기 쉽다. 자연계의 모든 사물과 현상 중 쉽게 자라고 움직이는 특성이 있는 것은 모두 오행 중 목의 기질에 속한다. 목은 솟구치고 뻗어나가려는 성질을 가지고 있다. 목이 많으면 고집이 세고 어진 마음과 자 비심보다 출세욕이 더욱 강하다.

●**火(불)의 속성** : 불은 물체를 태우는 특성이 있다. 자연 계의 모든 형상 중에서 물질을 용해하여 변화시키는 작용을 하게 된다. 불은 따뜻하고 뜨거운 열기가 있어 서 물체를 태울 때는 불꽃이 위로 솟아오르는 속성을 가졌다. 불은 가장 강렬하게 자신을 태워 주위를 밝히 는 성분이 있기에 성격이 급하고 활발함과 솔직함을 간직하고 있다.

●**土(흙)의 속성** : 흙의 성질은 모든 것을 중화시키는 도량 역할을 한다. 土는 자연계의 중재자라 일컬으므로 자 연계의 모든 사물과 현상을 중재하고 중화시킨다. 土 의 성질은 생물을 자라게 하며 자기 몸을 헌신한다. 자 연계의 물질은 흙 속에서 성장하고 변화되어 나오므로

생물을 성장시키고 받아들이는 속성을 가진다.

- **금(金)의 속성** : 金의 성질은 한랭하며 서늘하고 싸늘하고 나무처럼 포근한 느낌이 없다. 금속을 두드리면 소리가 나는데 자연계의 사물 중 소리를 내는 특성이 있는 것은 모두 金에 속한다. 金은 예리하고 날카로운 무사의 칼날처럼 결단력이 있으며 두려움이 없다.

오행의 상생(相生) 작용과 상극(相剋) 작용

※ 상생과 상극

상생이란 물이 높은 곳에서부터 낮은 곳으로 흐르는 것과 같이 자연의 순리를 뜻하고 상극이란 서로 지배하는 형국으로 상대의 세력을 극하는 성질을 말한다. 오행이란 원래 생하기도 하고 극하기도 하는 과정에서 발전을 가져오는 것이다.

● 상생(相生)

상생(相生)은 순행하면서 전진적이고 순리적인 질서를 의미하며 서로 생해준다는 뜻으로 도와준다, 만든다, 낳는다의 의미가 있다.

● 수생목(水生木) : 물은 나무를 키우고 물이 있어야 나무가 자란다. 물은 나무에게 있어서 없어서는 안 될 중요한 영양소이다. 하지만 물이 지나치게 많으면 나무가 물에 뜨고 썩어버린다. 물은 지상의 생명체에 영양분

을 주어 자라게 해 준다.

• **목생화(木生火)** : 나무는 불을 태우고 나무를 집혀야 불
이 탄다. 빛과 열을 얻을 수 있는 전형적인 재료는 나
무이다. 나무는 불을 태우게 되는데 나무가 지나치게
많으면 불이 꺼지게 되고 불이 많고 나무가 지나치게
적어도 꺼지게 되므로 적당한 나무를 필요로 한다.

• **화생토(火生土)** : 불이 타면 재가 남고 땅은 태양이 구워
야 거름지다. 불이 타고 나면 재가 남고 그 재가 쌓여
서 대지를 덮으면 땅이 기름지게 된다. 열은 대지를 데
우고 불이 지나치게 많으면 땅이 갈라지므로 火가 지
나치게 왕왕함을 꺼린다.

• **토생금(土生金)** : 대지가 굳으면 땅 속에서 金이 나오는
데 흙이 덮여야 광맥이 생긴다. 흙 속에는 많은 광물
자원이 내장되어 있다. 그러나 쇠가 지나치게 많으면
흙은 매우 약해진다. 그러므로 金이 너무 많은 것을 꺼
린다.

● **금생수(金生水)** : 쇠가 녹으면 물이 되고 쇠는 물을 배설한다. 가을이 되면 만물은 열매를 맺게 되고 열매는 水를 가지게 된다. 金이 지나치게 많으면 쇠는 물을 배설하지 못하고 잠겨지고 만다.

상 생
木生火(목생화)
火生土(화생토)
土生金(토생금)
金生水(금생수)
水生木(수생목)

상 극
木剋土(목극토)
土剋水(토극수)
水剋火(수극화)
火剋金(화극금)
金剋木(금극목)

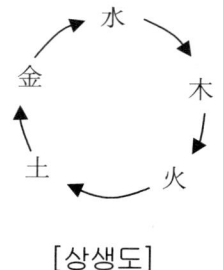

[상생도]

[상극도]

※ 상극(相剋)

상극이란 서로 대립하고 부딪치는 것이 아니고 한쪽이 일방적으로 파괴하고 누른다는 뜻이다. 성장과 팽창 발전의 이면에는 억제하는 정지의 작용이 필요하다. 그러므로 상극이라 해서 반드시 나쁜 것은 아니다.

- **수극화(水剋火)** : 물이 강하면 불은 꺼져 버린다.
- **화극금(火剋金)** : 불이 강하면 금은 불에 녹아 버린다.
- **금극목(金剋木)** : 쇠가 강하면 나무는 쇠에 의해서 베어진다.
- **목극토(木剋土)** : 나무가 강하면 흙은 나무에 의해서 영양이 파괴된다.
- **토극수(土剋水)** : 흙이 강하면 물은 흙 속으로 스며들게 한다.

오행의 상극이란 상충과는 다른 면이 있다. 상극이란 일방적으로 극을 하게 된다. 그래서 강자가 약자를 일방적으로 누르는 것이 상극이고 상충이란 오행이 서로 충돌하게 되는 것이다.

주택명당

제2장

공기의 순환

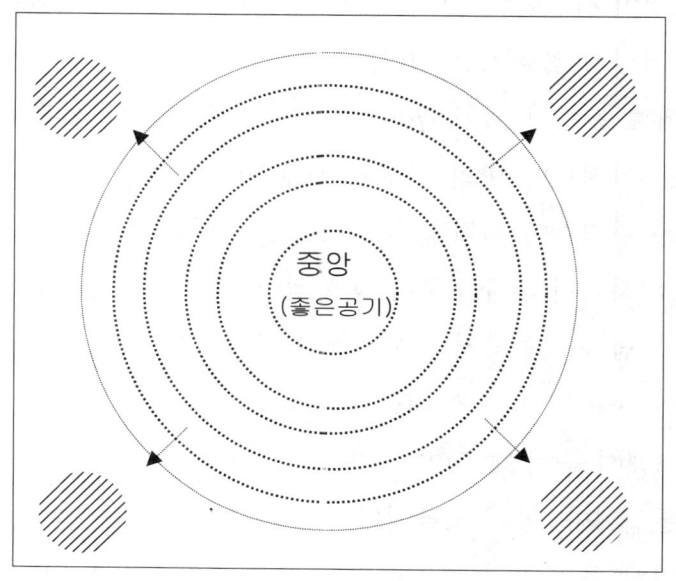

[사각형 구조]

▶ 모서리로 나쁜 공기를 밀어낸다.

현대 문명이 전자화되고 발전하면서 인위적으로 편리함
을 추구하다 보니 과거 우리 조상들이 슬기롭게 자연을
이용하며 순응하여 삶을 영위해 오던 모든 것들이 하나의
미신이나 간섭으로 밀려 나기 쉽다. 하지만 수천년 동안

삶의 지혜 속에서 많은 것을 터득하고 경험하며 실천하면서 삶을 이어 왔다.

그 속에는 현대 과학에서도 풀지 못하는 수수께끼가 많은 것이 사실이다. 그러나 점차적으로 베일에 가려졌던 것이 하나씩 풀어지고 있다.

예를 들어서 과거 우리 조상들이 살아 왔던 가옥의 구조를 살펴보면 방의 구조가 사무실이나 생활공간의 공통점은 한결같이 사각형 구조였다는 것이다.

그 사각형의 구조물이 과학적이라는 것이 입증되었다. 위 그림과 마찬가지로 사각형의 공간이 되어야 나머지 공간의 여분을 가지게 되는 것이다.

그래서 음택(陰宅)이건 양택(陽宅)이건 사각형의 모양이 공통점이다. 공기가 들어와서 순환하면 공기는 원형을 이루면서 돌게 마련이다. 이것은 우주와 지구가 둥글다는 뜻이기도 하다.

공기는 직사각형을 돌면서 나쁜 공기는 모서리 쪽으로 밀어내고 좋은 공기는 중앙으로 돈다. 그렇다면 옛 조상들의 생활공간이 얼마나 지혜롭고 과학적인 것인가를 알 수 있다.

항간에 중국계 미국인 풍수사가 미국의 빌 클린턴 대통령의 집무실을 지적한 바 있다.

집무실이 사각형이여야 할 텐데 타원형이어서 양기(陽氣)가 모두 빠져 나가기 때문에 구설수에 오른다는 내용이다.

그 중국계 풍수사도 표현은 잘못되었지만 원형이 나쁘다는 이야기다. 어릴 적부터 우리 선조들께서는 어디를 가더라도 방구석에 앉지 마라, 또 방구석에 머리를 두고 잠을 자지 마라, 또 밥상 모서리에 앉지 말라는 이야기를 흔히 말씀하셨다. 밥상 모서리는 뾰족하여 충(沖)을 받게 된다는 사실이다.

현대의 과학문명이 아무리 발달한다 해도 조상들이 대대손손이 몇 천 년을 살아오면서 터득한 지혜와 학문을 하루아침에 쉽사리 판단할 수 없다는 것이다.

원형(圓形)의 탁자

　옛 어른들은 방구석 쪽에는 앉지 말라는 말씀을 많이 하셨다. 이는 어떠한 과학적 근거가 아니라 오랜 경험을 통하여 얻어진 지혜이다. 선조들은 방구석은 공기가 좋지 않다는 것을 알았기 때문이라고 생각된다. 다시 말해서 공기가 원형으로 순환을 하면서 좋지 못한 공기를 방의 구석으로 몰아내는 이치이다.

햇빛을 잘 받지 못하고 나쁜 공기에 오래 노출되어 있으면 건강에 해로운 것은 자명한 일이다. 그러므로 풍수지리는 이러한 원리에 입각하여 집의 위치는 어떻게 잡아야 하고 누울 자리는 어느 방향이 좋다든가 하는 것을 규명한 과학적인 학문이다.

우리 조상들은 오랜 생활경험을 통하여 이러한 원리를 터득하고 실천함으로써 건강을 유지하고 총명한 두뇌를 가진 후손들을 길러왔다.

그리고 한 예로서 해인사 장경각, 불국사, 석굴암 같은 오래된 유물을 조사해보면 오늘의 과학이 결코 따라가기 힘든 여러 가지 훌륭한 건축물을 많이 남겼음을 알 수 있다.

우리가 사무실이나 집의 응접실에서 사용하고 있는 탁자 하나만 보더라도 탁자가 사각형이라면 4모서리가 있기 마련이다. 평상시에는 사각형의 탁자에 대한 거부반응을 알 수가 없으나 사각형의 4모서리가 너무나 날카롭게 되면 어린 아이들이 놀다가 모서리에 피해를 볼 수가 있다고 생각을 하게 되면 불안한 생각을 하게 될 것이다.

그래서 실내의 사무실이나 응접실에서 쉽게 사용하는 탁자는 원탁이라면 가장 평범하게 사용을 할 수가 있다.

출입문(出入門)과 조경(造景)

　사무실이나 집이 아무리 잘 꾸며지고 단정하게 정리가 잘되었더라도 출입문이 한쪽으로 치우쳐 있게 되면 이것은 좋은 것으로 볼 수가 없다.

　문은 항상 중앙에 반듯하게 나와 있어야 정상이다. 사무실은 반듯한데 문이 한쪽 옆에 치우쳐 있으면 이것을 사람으로 비유하면 입이 한쪽으로 비뚤어져서 풍을 맞은 형상이다.

그러나 부득이 문이 한쪽으로 잘못 나 있더라도 문의 방향에 맞추어 자리를 정하면 된다. 이것은 실내의 방이나 사무실에서 가능한 일이다.

이때 중요한 것이 음양(陰陽)인데 풍수에서 음양이란 배합과 불배합을 말하는 것으로 출입문이 음(陰)에 속하면 책상자리도 음(陰)방향에 놓으면 되고 양(陽)에 속하면 책상자리도 양(陽) 방향에 놓고 앉으면 된다.

요즈음은 대개 아파트에 많이 살지만 단독주택의 경우 집의 위치가 마무리 좋더라도 정원이 잘못되어 있으면 이것도 문제가 된다.

정원은 터가 반듯한 사각형의 대지가 좋고 세모꼴이나 비뚤어진 형태의 정원은 없느니만 못하다. 또 정원에 심는 나무도 그 크기가 대체로 가지런해야 좋다.

키가 너무 크거나 작은 나무가 중구난방으로 섞여 있으면 공기의 순환에 장애를 받아서 나쁘고 지나치게 잎이 많거나 커서 태양을 가리는 나무도 정원수로는 적합하지 않다.

어떤 사람들은 정원에 나무를 아무렇게나 심는데 그것은 때에 따라서 아주 나쁜 결과를 초래하게 된다. 정원수로 쓰지 말아야 할 나무에는 잎이 넓은 오동나무, 넝쿨이

지는 포도나무, 등나무, 장미 같은 나무를 들 수 있다. 다음으로 정원은 습하거나 물이 고이는 곳을 피해야 한다.

정원에 연못을 파서 고기를 기르는 집도 있는데, 이는 풍수지리에서는 흉상(凶相)이므로 권장할 만한 일이 못 된다.

풍수지리적으로 정원을 잘 꾸미게 되면 이것은 특별히 조경을 하지 않아도 최고의 풍수 인테리어에 알맞은 구조가 형성이 되는 것이다.

그래서 풍수 인테리어로 조경을 맞춘다 함은 상당한 실력을 갖추지 않고서는 불가능한 일이다.

그것은 나무나 식물은 오행에서 木에 해당이 되지만, 그 안에서도 세세하게 오행이 분류되므로 가령 그 집에 화(火)가 부족한 집안에는 화기(火氣)가 가장 많은 나무로서 조경을 해 주어야 하기 때문이다.

집에도 상(相)이 있다

    사람에게 인상이 있듯이 집에도 가상이라는 것이 있다. 우리가 인상을 보고 사람의 됨됨이나 빈천(貧賤)을 가늠하듯이 가상으로 그 집 주인의 운세를 점치기도 한다.

    집 모양의 변천과정을 보면 고대사회에서는 움막형태를 유지하다가 일자(一字)형태의 집을 짓고 살았으며, 차츰 가세가 늘어나면서 그 모양을 달리하는 것을 알 수 있다.

조선시대 후기까지도 산간지역의 단순형태의 일자집은 부엌과 방이 따로 구분되지 않은 집이 많으며 점차 방과 부엌 곳간과 변소 등이 구분된 일자집에서 기역자(ㄱ)집으로 변하고 있다.

그런데 일자집에 사는 사람이나 기역자집에 사는 사람들의 생활이 별로 윤택하지 못했다. 그 대표적인 집이 초가삼간인데 이러한 집의 형태는 우선 안방의 알맹이가 없고 생활공간이 적다.

한 일자(一) 집의 구조는 상당히 과학적이어서 부엌에서 음식을 만드는 동안 안방의 온도를 조절하고 흙으로 벽면을 발라 온기와 습도를 맞추는 한편, 대청마루 앞뒤로 문이 활짝 틔어 있어 공기순환이 잘 됨으로써 여름에는 시원하고 겨울에는 따뜻하게 되어 있다.

또 마루 공간이 집 한가운데 위치함으로써 안방과 작은 방의 연결이 쉽게 되어 가족과 화목을 도모하는데도 좋게 되어 있다.

그러나 산도 나무가 많아서 울창해야 보기가 좋고 사람도 너무 마르면 볼품이 없는 것처럼 집도 어느 정도 품위가 있어야 하는데 한 일자(一) 집이나 기역자(ㄱ) 집들은 겉으로 보기에도 무척 빈약해 보여서 잘 사는 집으로 보이지 않는다는 것이다.

우리 국민의 대다수는 조선조 500년을 이어 가난을 숙명으로 여기고 살던 60년대 후반까지 이러한 형태의 집에 살아오면서 보리 고개를 넘겼다.

집 구조의 변화가 생기기 시작한 것은 70년대부터라고 할 수 있다. 기역자 집을 벗어나지는 못했지만 생활의 여유가 생기면서 기역자 형태에 거실이 생기기 시작했고 70년대 후반부터는 재래식으로 되어 있던 화장실이 대문 옆에 수세식으로 바뀌어 집안으로 들어오기 시작했다. 집의 배가 더 나왔고 살림 형편도 훨씬 좋아졌다.

집의 출입구에서 기운을 가로막고 있던 변소가 없어졌으므로 자연히 부귀(富貴)가 찾아들게 되었다. 이때까지가 우리 경제의 전성기라고 할 수 있다.

그러나 근래에 들어서 생활의 여유가 생겼다고 해서 집에 온갖 것을 가리지 않고 들여 놓거나 과소비가 늘어나는 추세이다.

양택(陽宅)의 배합

　풍수지리는 양택과 음택으로 구분을 하게 되는데 양택은 살아있는 사람이 편안한 생활을 즐길 수 있는 보금자리이다. 우리 조상들은 예부터 음택에 비중을 많이 두어 음택 풍수가 많이 발전되어 온 것이 사실이다.

　하지만 근래에 와서는 오히려 음택보다는 양택 풍수가

급속도로 발전이 되고 있다. 이것은 시대의 변화에 따라서 주택지의 개발과 서구 문명이 밀려오면서 집의 구조가 판이하게 달라진 것과 관련이 있다.

요즈음에는 살아있는 사람을 중심으로 안락한 생활을 추구함으로서 양택에 대한 관심이 상당히 높아지고 있다.

일본은 음택 풍수보다는 양택 풍수가 발전을 해서인지 양택 풍수가 수십 년 전부터 상당히 발전이 되어 있다.

근래에는 서구 사회에서도 풍수지리 바람이 불어서 크게 유행하고 있고 서점에도 풍수지리나 동양철학의 서적이 인기를 끌고 있다.

과거부터 우리나라에는 풍수지리하면 의례히 음택을 위주로 생각하게 되었지만 그렇다고 해서 양택 풍수를 배제하지는 않았다. 다만, 신경을 덜 써왔던 것이 사실이다.

양택 풍수하면 우선 그 집의 주(主)와 대문을 보게 되는데 대문과 주가 배합이 맞아야 하고 음양이 맞아야 한다.

이것을 크게 주택을 동사택(東舍宅)과 서사택(西舍宅)으로 구분하게 되는데, 집의 주가 동사택이면 대문도 동사택 쪽으로 나와 있어야 정상이고, 집의 주가 서사택이면 대문도 서사택에 두어야 한다는 것이다. 이것은 주역의 8괘로서 음양의 이치에 맞게 배열되어 있는 까닭이다.

주가 건좌(乾坐)인데 대문이 卯門이라면 이는 건(乾)은

金인데 卯는 木이라 금극목(金剋木)이 되어 매번 시끄러운 일이 일어나게 되고 장남이 해악을 입게 되고 3년 내로 장남에게 이상이 생기게 된다.

이런 경우 그 집에 살고 있는 사람은 교통사고, 관재구설수가 심심찮게 일어나게 되고 매사가 꼬이게 되는 경우이다.

거꾸로 주가 卯主이고 건문(乾門)이라 해도 마찬가지이다. 그 집에서 제일 어른에게 좋지 않다는 것이다. 이러한 모든 것이 풍수지리에 이론이고 보면 과연 무시해도 좋을 것인지 생각해 볼 일이다.

주가 건좌(乾坐)인데 묘문(卯門)이라면 가령 아들이 없는 집안일 경우 그 집에 살고 있는 사람은 건강 중에서도 간이 좋지 않다. 거꾸로 묘좌이고 건문이면 폐, 기관지가 좋지 않다.

따라서 대문이 나온 방향에 따라 그 집의 가세가 좌우지 된다는 것이 풍수지리에서 말하는 가상법이다.

가상법(家相法)

　가상법에서는 지기(地氣)를 매우 중요시하고 있다. 습기가 많은 습토나 사토(沙土), 조토(粗土), 점토(粘土) 등에는 생기가 없어서 좋지 않고 비석비토(非石非土), 황토(黃土), 양토(壤土)는 양명(陽明)하여 음택 뿐만 아니라 양택에서도 좋게 본다.

최근에 산업화가 발전이 되면서 소음이나 공기 오염이 심하다거나 깊은 계곡 같은 데에는 살풍(殺風)이 감돌고 있어서 좋지 않으며, 특히 근래에 매립지에도 지기가 좋지가 않다.

지반이 약하여 가스층이 땅을 부식시켜서 택지(宅地)로서는 좋을 리가 없다. 양토는 뒤쪽에 양산이나 언덕이 있어서 기대어 쉴 곳이 환하게 밝아야 좋고 특히 뒤쪽은 약간 높아서 좌우로 좌청룡(左靑龍)과 우백호(右白虎)가 사람의 양쪽 팔과 같이 뻗어 나가므로 아기를 끌어 앉듯이 안아 줌으로써 비로소 사신사(四神砂)가 되어 氣가 증발되지 않고 사람이 기거할 수 있는 땅의 氣가 충만한 택지의 보금자리가 되는 것이다.

그러나 지기가 좋은 땅이라 하더라도 생김새가 비뚤어지고 모가 나면 결과적으로 좋은 가상이 될 수 없다. 땅의 모양은 정사각형보다는 약간 긴 모양의 두부모처럼 생긴 것이 가장 적당하며 그 위에 지어지는 건축물도 모양이 마치 두부모처럼 지어지는 것이 좋다.

그렇게 되면 앞에서 보나 옆에서 보나 흠이 보이지 않으며 방향도 중요하므로 방향의 좌향(坐向)은 땅의 생김새에 따라서 지어지겠지만 건축물의 위치에 따라서 대문을 내어 줌으로써 최상의 가상이 되는 것이다. 또한 주방과 각 방마다의 문에 배치가 매우 중요하다.

문(門)이란 우리나라에서는 편리하게 마음대로 문을 내는 경향이 반면 이웃나라 일본에서는 집을 지으려면 처음 설계에서부터 풍수사가 관여하여 문을 내는 방향과 기두를 잡는 것을 논하게 된다.

심지어는 방에 가구는 어느 쪽에다 놓고 텔레비전이나 기타 가구들은 어느 방향에다 놓을 것인지 치밀한 계산을 한다.

어느 방이건 간에 제일 좋은 자리가 있는 법인데 제일 좋은 자리에는 사람이 기거하고 나쁜 자리에는 기타 물건이나 도구를 배치하는 것이다. 이것은 풍수지리적으로 볼 때 매우 합리적인 발상이다.

집의 기두(起頭)를 잡는 법

기 두

⇓

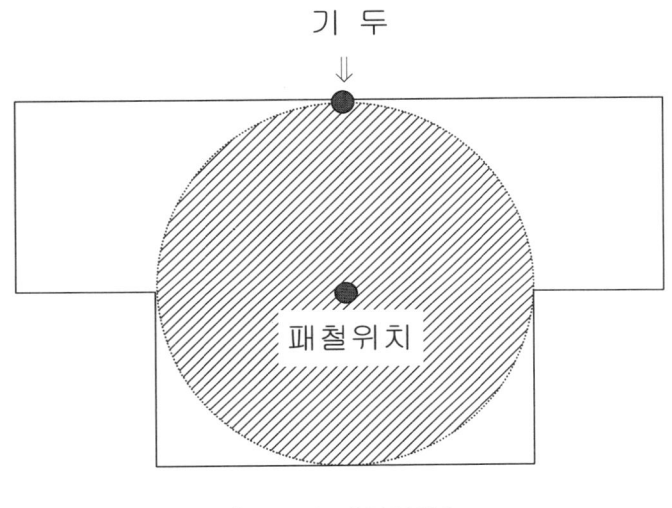

패철위치

[기두와 패철위치]

양택(陽宅) 3요결(三要訣)에서 말하는 가상의 길흉화복을 논하는 데에는 여러 가지의 조건이 필요한데 결국 이러한 요건을 상세히 분석하여 결정을 짓게 된다.

대부분 사람들은 집터가 어떠냐고 물어오는 경우가 많다. 설령 집터가 좋다고 해도 집의 기두가 어긋나거나 집의 구조가 맞지 않으면 이것은 좋지 않게 본다.

모든 사물이 그러하듯이 사람도 몸에 맞추어서 옷을 지어 입어야하고 집도 그 생긴 터에 알맞게 주 건물을 배치해야 하고 건물 또한 풍수지리학적으로 잘 맞추어 지어야 하는 까닭이다.

위 그림과 같은 건물에서 안쪽에 원형을 그려 보았을 때 전체적인 건축물에 비해 알맹이가 너무나 적은 것이 특징이다. 이러한 형태의 건물이나 가상에서는 부(富)의 축적이 힘들다.

그러나 몇 천 년 역사 속에 흔히 볼 수 있었던 건축물의 양식이다. 과거 수천 년 동안 우리 국민들의 생활 속에서 제일 힘들고 고민해 왔던 것이 바로 의식주의 문제였다.

사람이 살면서 기본적으로 잘 먹어야 하고 잘 입고 편안한 휴식처이자 보금자리인 집이 마땅히 깔끔하고 잘 생겨야 함은 더 이상 말할 나위가 없다.

빈곤(貧困)은 가상에서 알 수 있다

기두점

⇓

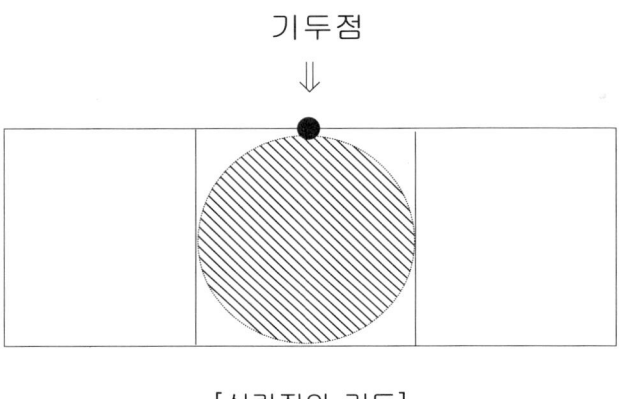

[삼칸집의 기두]

위 그림과 같이 삼칸집의 경우에는 기두(起頭)가 집의 정중앙이 된다. 기두점을 기준으로 원을 그려 보면 알멩이가 너무나 적다. 가령 원을 그린 알멩이가 크면 클수록 부(富)를 누릴 수가 있는 것이다.

그래서 풍수지리 학문에서는 진작부터 이러한 문제를 논하고 있다. 시대의 변천에 따라서 부(富)의 문제를 해결하지 못하고 고민한다면 이것은 후진국에서나 겪는 일이다.

엄격히 따져보면 전 세계 인류가 세상을 살아가는 데 있어서 커다란 숙제인지도 모른다. 그래서 점차적으로 과학이 발전할수록 풍수지리 학문도 발전해 가는지 모른다.

위 그림과 같은 가상은 조선조 이전부터 유행했었고 근래에 와서도 간혹 볼 수 있는 집의 형태이다.

이러한 집의 구조에서 느낄 수 있는 것은 마당에 공기가 순환되지 않는다는 것이고 집의 구조물의 형태가 너무나 길게 늘어져 있다는 것이다.

근래에 와서 급속도로 바뀌게 된 아파트의 구조물도 실내 공간이 너무나 좁은 것이 특징이다.

먹을 것에 알맹이가 있고 없고를 따지듯이 집도 넓어서 물건이 많이 들어가고 실속이 있는 집이냐에 따라서 부의 척도가 달라지는 것은 뻔한 일이다.

그래서 풍수지리에서는 그 집의 건축물을 보고 첫 번째로 빈상(貧相)이냐 부상(富相)이냐를 가름하고 그 다음에 그 집의 앉은 방향이 어느 방향으로 보고 지어졌으며 대문이 어느 방향으로 나와 있느냐 하는 것이다.

집의 가세 기두와 출입문에 있다

집의 기두와 대문에 가세가 달려 있다. 집의 주(主)를 대문에 맞추어어야 함은 기본이다. 집의 주(主)를 풍수용어에서는 기두(起頭)라 부르는데 이 기두는 그 집에서 가장 중심점이 되고 힘을 많이 받는 곳을 뜻한다.

근래에 와서는 단독주택보다는 아파트가 많은 관계로 혼돈하기가 쉽다. 그러나 아파트의 출입문이나 집의 대문이나 다를 바가 없다.

과거 5~6년 전 남산 밑에 남산골이라는 어느 집을 감정을 해 주게 되었는데 그 집은 제법 반듯한 대지에 건물도 제법 근사하게 잘 지어져 있었고 2층 양옥에다가 대지는 150여 평에 고급저택으로 지어져 있었다.

평생 가게와 식당을 겸해서 일을 하였고 본인에 건물이 있는 관계로 돈을 많이 벌어서 가게가 있는 곳에서 조금 떨어진 곳에다 터를 장만하여 나름대로 풍수사를 불러다가 조언을 받았다고 한다. 자식에게 까지 물려줄 생각으로 고급 재료를 사용하여 깨끗이 단장하고 정원 또한 넓게 가꾸어서 정원수까지 몇 천 만원 어치를 심어서 가꾸고 있었다.

외관상으로는 너무나 좋은 집이였고 주변 사람들에게 부러움을 살 정도였다. 그러나 집의 주변에 심는 나무는 신경을 써서 가상에 알맞은 나무를 심어 주어야 하는데 그 집은 외부에서 보아도 조경이 잘 되지 않았다.

그런데 필자는 그 집안에 들어서자마자 더욱 깜짝 놀랐다. 이 집을 지은 지 몇 년이나 되었소 하고 물었더니 작

년에 지었다는 대답이었다.

패철로 보아 그 집의 기두가 건해(乾亥)인데 대문은 손사(巽巳)이고 현관문 갑묘(甲卯)로서 이것은 노부금(老父金)에 쌍목(木)이었다. 이렇게 되면 3년만에 이 집은 풍지박살이 나고 마는 격이었다.

그것도 장남이 말썽을 부리니 이 집을 빨리 팔아야겠다고 말을 해주었다. 왜냐하고 물어 오길 래 이 집에는 오래 살면 좋지 않다고 말을 했지만 결국 꼬치꼬치 캐물어 장남에 의해서 손해를 보게 된다고 말을 했더니 그제서야 아들이라곤 하나밖에 없는데 간혹 정신이 나간 사람처럼 행패를 부리고 야단을 친다는 것이었다.

이후에 그 집은 그 이듬해 봄에 팔리고 그들은 2층에서 새를 들어서 살고 있었다는데 아니나 다를까 그 집을 사서 들어온 사람이 3년이 지나면서 그 많은 재산이 다 부도가 나고 말았다는 것이다.

그러자 집을 판 전 주인 입장에서 자기는 전세 값을 반만 주면 나가겠다고 해도 그 돈을 돌려받을 돈이 없어서 아직도 그 집에 머물고 있다고 필자에게 와서 이야기를 털어 놓았다.

출입문과 기두(起頭)

　　양택의 가상법에서는 주역의 8괘에서 말하는 동서남북의 사정방위(四正方位)와 사우방위(四隅方位)를 합한 8방위로서 음양의 배합이 어떻게 맞아 떨어지느냐에 따라서 주택의 길흉을 판단하는 것이다.

제일 첫째로 보는 것이 기두에 맞추어 대문이 어떻게 나와 있느냐에 따라서 주택의 가치가 달라지게 된다.

풍수지리에서는 음택과 양택으로 구분이 되는데 양택 삼요결에서는 방향과 아울러 가상의 형태가 가장 중요시 된다.

가령 집터인 땅을 볼 때 땅의 생김새가 중요하다. 땅이 생긴 자체가 비뚤어지거나 모가 났거나 원형이거나 등등 그 모양에 따라서 건축물이 지어지기 때문이다. 땅의 평수가 아무리 넓다 하더라도 적은 평수보다도 못한 경우가 허다하다.

땅이 수백 평이라도 비뚤어져 있고 모서리가 삐죽삐죽 나와 있다면 이것은 네모 반듯한 땅 몇 십 평에 불과하다. 그래서 모서리가 삐죽삐죽 나와 있는 땅은 근본적으로 가격이 싼 것이 틀림없다.

그렇다면 어떠한 모양의 땅이 좋을까? 집을 짓는 땅의 위치가 가장 중요하다. 물론 양지바르고 태양이 잘 들 수 있어야 하고 두 번째로는 지형이 약간 높아야 한다.

앞보다는 뒤쪽이 높아야 좋고 집터가 있는 위치도 약간 높은 것이 낮은 땅보다는 좋게 보는 것이다.

이것은 비가 많이 와서 홍수가 지더라도 피해를 입을 염려가 없고 장마철에도 물이 빠져갈 수 있기 때문이다.

이것을 배산임수(背山臨水)라 해서 집터가 약간 높은 것을 원한다.

다음은 토질이 좋아야 한다. 토질이 기름지고 폭신폭신하다면 이것은 곡식을 가꾸는 데에는 명당지이다.

하지만 집을 지을 때에는 이와는 정반대이다. 수억 년 전 화산이 폭발하여 암석으로 굳어진 이래 수천 년의 세월이 흐르면서 비바람에 깎이고 삭아서 흙이 되는 과정을 박환(剝換)이라고 한다.

이때쯤이면 돌도 아니요 흙도 아닌 곳 또는 오염되지 않고 있는 곳 즉 말해서 생땅이어야 한다.

이런 곳에는 흙의 색이 황금색깔을 띠게 된다. 그래야 아래로 점차로 내려가면서 돌이 나오고 지반이 단단하여 침하될 염려가 없는 것이다.

터의 생김새는 두부 모양의 약간 긴 네모꼴로서 이러한 땅위에다 건물을 지을 때에도 지어지는 면적이 두부 모양의 형태를 이루게 되면 집터와 집의 균형이 알맞게 된다.

뒤에 산이 받쳐 주어야 한다

　옛날 속담에 소도 기댈 언덕이 있어야 등을 비빈다고
했다. 우리 인간이 살아가는 주택도 마찬가지이다. 집을
지을 때 뒤에 산이 기대고 있으면 안정이 되어 보이고 허
허벌판이나 산꼭대기에다 집을 지어 놓으면 왠지 불안해

보인다.

주택삼요결(住宅三要訣)에서 말하는 배산임수(背山臨水)란 말이 바로 여기에 해당한다.

집을 짓는 위치가 평지보다 조금 높아야 하고 뒤쪽이 앞쪽보다 높아야 한다는 기야기이다.

집의 위치가 높음으로서 첫째는 공기순환이 잘되고 둘째로는 비가 오게 되면 물이 잘 빠지고 셋째는 공기 순환이 잘 되어 건조함을 유지하고 시원하다는 뜻이 되겠다.

이와 반대로 집의 위치가 낮으면 모든 조건이 이와는 정반대가 되는 현상이라고 생각하면 된다.

첫째는 공기순환이 잘 이루어지지 못할 것이고 비가 오게 되면 물이 잘 빠져 나가지 못할 것이다.

그리고 땅에 습기가 차게 되면 답답함과 동시에 위생적으로도 좋지 못할 것은 뻔한 일이다.

그래서 풍수사들이 집을 감정할 때에 이러한 조건들이 다 맞아 떨어질 때 집의 기두와 대문이라든지 방향과 좌향을 보고 길흉화복을 논하게 되는 것이다.

그런데 이러한 기본적인 조건이 맞지 않은 데도 불구하고 집이 어떠하냐고 물어 오게 되면 매우 난처할 때가 많다. 좋다고 말할 수도 없고 그렇다고 나쁘다고 말하기란 더더욱 어렵다.

풍수사 입장에서 모든 상황을 판단할 때 현재 이 집이 나쁘다고 바른 말을 해준다 하더라도 그 집을 헐고 다시 지을 가능성이 매우 적기 때문에 제대로 말하지 않을 가능성이 많다. 하루 이틀도 아니고 그 집에서 계속 살고 있는 한 마음이 좋을 리가 없기 때문이다.

그래서 마지못해 괜찮다는 식으로 답을 하게 되면 얼마 지난 후 집안이 풀리고 좋아져야 하는데 좋아지기는 커녕 오히려 나빠지게 되면 풍수지리가 맞지가 않다는 말이 나올 만도 하다.

담장이 없으면 기(氣)가 흩어진다

    풍수하면 장풍득수(藏風得水)의 준말로서 바람과 물을 말함이다. 풍수의 이론은 바람과 물을 잘 다스리기 위한 것이다. 멀리서부터 바람을 막아주고 가까운 곳에서는 물을 얻어야 한다고 설명하고 있다. 하지만 주역의 이론대로 하면 바람은 양(陽)이요, 물은 음(陰)인지라 음양의 조화가 맞아야 한다. 산과 물을 따질 때에는 산은 음이요, 물은 양이 되므로 즉 살아 있는 사람에게는 물과 바람을 같이 얻어야 하고 죽은 사람에게는 바람과 물을 막아 주어야 하는 이론이 성립이 되는 것이다.

그래서 바람과 물만 잘 이해한다면 풍수에 대한 해석이 가능할 것이다. 아래 그림과 같이 가옥 주변에 담이 없으면 바람을 막아주지 못하므로 땅에서 발생하는 생기(生氣)를 가두지 못해 재산이 흩어지는 것은 물론이요 건강 또한 좋을 리가 없다는 것이 풍수사상의 이론이다.

집주위에 담을 쌓아 집안이 안락한 온기를 가두고 땅에서 발생하는 생기를 유지시킬 수 있도록 해야 한다.

죽은 사람의 무덤도 물이나 바람이 들지 않게 잘 다져서 가꾸어야 한다. 사람의 가옥이란 주야로 생활하는 공간인데 멀리서 불어오는 살풍(殺風)이나 흉풍(凶風)을 막아 주지 않고서 어찌 좋은 가상이라 할 수 있을까!

풍수지리란 원래 하나의 학문이기 이전에 일반적인 상식 내에서 존재하게 된다. 주택이란 사람이 살면서 자식을 키우고 또 자식에게 물려주기도 하며 대대손손이 이어가는 것인 만큼 좋은 가상을 면밀히 조사해 보면 정성이 깃들어 있고 섬세한 부분도 조화를 이루고 있는 것을 알 수 있다.

길상(吉相)의 주택(住宅)

[경남 의령 소재. 고 이 병철 회장 생가]

    풍수지리에서 길상(吉相)의 집을 보기란 그리 쉽지가 않다. 집이 잘 지어졌다는 느낌이 들어도 양택 삼요결에서 말하는 전저후고(前低後高) 전착후관(前窄後寬) 배산임수(背山臨水)와 같이 3대 요건을 갖추기가 어렵기 때문이다.

방향도 매우 중요하고 가장 중요한 것은 집의 외형적인 문제이다.

옛말에 보기 좋은 떡이 먹기가 좋다고 하였으니 외관상 보기가 좋다면 내부에서는 물론 사용 용도 또한 편리하게 지어졌음이 자명한 일이다.

과거 수 천 년 내지는 수 백 년 동안 집의 건축물도 하나의 예술품으로 지어져 온 것이 사실이다.

근래에 와서는 오히려 건축물을 지어도 편리함을 강조하기 쉽다. 그러나 우리 조상들이 가상을 지어온 형태를 보면 마당에서 주(主) 건물로 올라가는 축대를 하나 보더라도 얼마나 과학적이고 정교하고 깨끗이 정돈이 잘 되어 있는지 알 수가 있다.

문짝을 하나 보더라도 감히 흠 잡을 데가 없는 모습이 바로 과거 선조들이 일구어 놓은 건축물의 형태이다.

길상(吉相)의 담장

　담장이 잘 정돈되어 있다면 복가(福家)가 될 수 있는 요건이 된다. 풍수지리에서는 양택과 음택 중에서 음택 위주로 화복을 많이 다루어 왔다.

　그러나 현대 문명이 급속도로 발전하였음에도 양택에 대한 논의가 더욱 활발해지고 있다.

과거 조상들이 생활해 오던 복가를 풍수지리적으로 관찰해 보게 되면 흉가와 복가의 차이점은 매우 확연히 드러난다.

일반적으로 흉가란 대단히 이상하게 생긴 것으로 알고 있는 반면 복가란 과연 어떠한지 매우 궁금하기 짝이 없다.

가만히 관찰을 해 보게 되면 복가(福家)란 일반적으로 보기에도 편안하고 자연스러운 곳이다. 예를 들어서 담장의 높이를 보게 되면 집의 높이에 절반에 가깝고 외관상 보기에도 적당하다.

앞마당 뜰 안에 생기(生氣)가 모이게 하려면 담장의 높이와도 상당한 관계가 있다.

담장이 너무나 높게 되면 안에 있는 필요 없는 공기가 밖으로 빠져 나가지 못하게 되고 반대로 높이가 너무 낮아도 생기가 뜰 안에 머물러 있어야 할 텐데 필요 이상으로 빠져 나가게 되는 경우가 된다.

그리고 담장을 만들 때에는 매끈하고 울퉁불퉁한 면이 없는 것이 자연스럽고 氣에 흐름을 막지 않게 되어서 좋다.

신혼부부는 자기두(子起頭) 집이 좋다

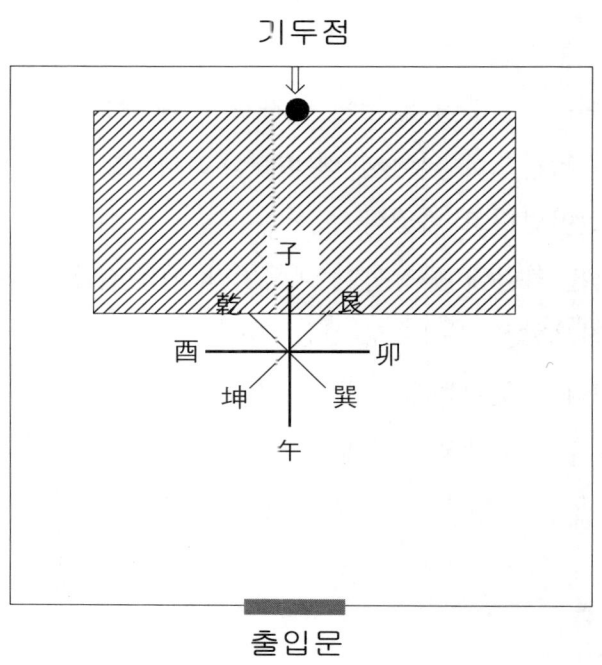

기두점

출입문

  양택에서 자좌오향(子坐午向)의 집을 가장 길(吉)하게
본다. 예부터 임금이 살던 대궐도 자좌오향의 집이었다.
지금의 경복궁도 이렇게 자좌오향(子坐午向)이다. 여기서
한 가지 중요한 사실은 집이 자좌라고 해서 기두가 자기

두(子起頭)가 되는 것은 아니다.

집이 자좌로 지어졌다 하더라도 집의 구조에 따라서 기두가 달라진다.

그런데 과거 왕실에서는 굳이 자좌오향을 주장하게 된 이유는 무엇일까?

그것은 옛날부터 임금은 군자로서 나라에 왕이므로 북쪽에서 남쪽으로 앉아서 백성을 내려다보고 호령해야 위상이 살아난다고 하였다.

이것은 하나에 상징적인 예이지만 복가(福家)는 원칙으로 자좌오향을 길상으로 보는 것이다. 그러나 자좌오향이 아니더라도 얼마든지 기두는 자기두가 될 수 있다. 자좌(子坐) 집에는 출입문이 오문(午門)이 되어야 음양의 이치가 맞아서 귀격(貴格)이 되는 것이다.

삼칸집

　과거 70년대 이전만 하더라도 농촌에서는 초가삼간의 형태에 집들이 대부분이었다. 이후에 새마을 사업과 재건 운동 등으로 지붕 위에는 슬레트나 기와가 대신 씌워졌다. 하지만 대대로 내려오던 삼칸 집의 유형은 변화하지 않았다.

대표적으로 삼칸집의 가세를 풍수지리적으로 살펴본다면 기두를 안방이 있는 기점으로 하기 마련이다. 안방이 힘을 제일 많이 받을 뿐 아니라 공간이 넓기 때문에 안방이 있는 곳이 기두가 된다.

화복론을 논할 때에는 기두와 대문을 패철로 계산하여 길흉화복을 논하면 된다. 집을 지은 재료가 소나무의 목조의 소재에다 벽면은 황토로 발라 놓아서 내외부 온도 조절을 잘하게 되므로 매우 과학적이다.

그러나 삼칸집의 약점은 실내공간이 너무나 좁다는 것이다. 부엌과 안방, 작은방, 마루 이렇게 일자(一字)형이 되어 있어서 생활공간이 한정되어 있는 것이 문제이다.

과거에 우리 조상들은 대부분 이러한 생활공간에서 살아왔다.

풍수지리적으로 주택의 가상을 보면 시대마다 부귀(富貴)를 논 수가 있는데 이러한 삼칸집에서는 우리 조상들이 빈곤과 가난을 겪어야 했다.

식당은 계산대를 잘 놓아라

　음식점은 카운터와 주방 그리고 출입문이 오행이 각각
잘 맞아야 장사가 잘 되고 손님이 많이 몰린다. 물론 그
집에서 잘 만드는 특이한 음식이 있어야 되겠지만, 음식점
을 하려는 사람들은 누구나 자기 나름대로의 특기가 있기
때문에 음식 솜씨가 있든지 아니면 오래 종사하여 단골손

님이 많다든지 하는 것은 기본적인 것이다.

하지만 어떤 사람은 장사가 잘 되어 돈을 많이 벌고 또 어떤 사람은 실패를 하게 되는데, 도대체 왜 그럴까 하고 한번쯤 생각해 볼 만하다.

물론 개인적으로 운(運)이 좋고 재물운이 있어서 그렇다고 생각할지 모른다.

하지만 풍수지리학적으로 본다면 결국은 운이 좋은 사람의 가게 구조는 계산대와 주방과 출입문이 잘 맞추어져 있다는 것이다.

이러한 가게에서는 결국 사람이 들끓게 되고 장사가 잘 되어 부(富)가 쌓이게 되는 이치이다.

설령 장사가 잘 되고 돈이 들어오는 집이지만 이러한 삼합에 이치에 맞지 않는다면 건강이 나빠지든지 돈이 많이 들어오는 것 같지만 내부적으로는 적자로 인하여 쪼들리기 마련이고 돈이 들어오는 것보다 나가는 것이 더 많다는 것이 풍수지리에서 보는 견해이다.

요즘 사람들은 풍수지리하면 음택 풍수 즉 산에다 묘를 쓸 때는 무척이나 신경을 많이 쓰면서도 양택 풍수하면 무관심하는 경우가 많다. 그러나 따지고 보면 어느 한 쪽도 소홀히 해서는 안 되는 것이다.

양택 풍수는 우리 인간이 살아가는데 어떻게 하면 건강

하고 명예롭게 살며 부(富)도 누리고 윤택하게 살 것인가 하는 것이다.

식당을 하든지 가게를 운영하든지 세심히 살피고 사전에 주방과 출입문의 계산대를 잘 배치하는 등 손님을 받아들일 장소를 검토하여 맞추어 짓는 것이 현명한 일이다.

집의 구조에 따라서 집의 주가 있기 마련인데 그 주에 맞추어서 출입문과 계산대를 분리하는 것이다.

만약에 주인이 거주하고 있어야 할 자리에 거꾸로 손님을 앉힌다면 그 집의 운기(運氣)는 나그네가 다 가져가고 마는 것이 풍수지리학의 이치이다.

이것은 사람이 결혼을 할 때 궁합을 보는 것과 같다. 서로 상충하는 것보다 상생으로 잘 맞는 것이 금상첨화이다.

사무실의 원형(圓形)은 좋지 않다

지난 1997년 2월 28일자 경향신문에 클린턴 미국 대통령의 집무실에 대해서 풍수지리 기사가 나온 일이 있었다.

중국계 미국인 풍수사가 집무실의 출입문이 4곳이나 있어서 氣가 빠져나간다고 지적을 하고 출입문을 한 곳으로 하고 다른 문은 폐쇄를 하라고 하였다. 그러나 문제는 다른 곳에 있다. 대통령의 집무실이 원형(圓形)이라는데 문제가 있다.

꼭 풍수지리적인 견해가 아니더라도 과학적인 입장에서 볼 때 집무실이나 방이 원형이면 문제의 소지는 충분하다.

중국계 풍수사는 수(水), 목(木), 화(火), 토(土), 금(金)의 오기(五氣)가 흩어진다는 진언이고 문이 4 곳이나 있어서 氣가 흩어지기 때문에 문저의 2개의 문을 봉쇄해야 한다고 주장했다. 그렇지 않으면 각종 스캔들이 끊이지 않는다는 것이다.

필자는 이 기사를 읽고 풍수지리라고 하면 우리나라에서는 반 미신적으로 매도당하는 경우가 종종 있기 마련인데, 고도로 과학이 발달된 나라에서 그것도 대통령의 집무실에 풍수사가 들어가서 자문을 했고 그것을 긍정적으로 받아들여 검토하였다는 것이다. 따지고 보면 풍수지리가 매우 과학적이라는 이론이 성립되는 것이다.

중국계 풍수사가 집무실이 출입문이 많아서 나쁘다고 보는 것은 지극히 당연하나 그렇다고 책상을 어느 쪽으로 옮겨서 불화를 막아 보려는 것은 어렵다는 것이 필자의 견해이다.

현대 사회에서 세계 어느 곳에서도 원형의 구조물을 가

진 데는 별로 없다. 수 천 년 동안 인류가 살아오면서 자연히 터득하고 깨우친 결과일 것이다.

몽골의 유목민들은 자주 이동을 하면서 철수하기 쉽게 만든 것이 원형으로 천막을 치는 것이었다. 이들도 구조물의 장단점을 미리 알았던지 천장이 있는 위쪽은 아예 비워 놓고 막사를 지었다. 위 부분이 뚫려 있으면 공기의 순환이 원활하게 잘 되기 때문이다.

조상 대대로 내려오는 사각형의 구조물은 우선 건축양식이 편리한 반면 출입구에서 들어오는 공기는 원형을 이루고 돌면서 나쁜 공기는 모서리 쪽으로 밀어내는 이치이다.

그리고 좋은 공기인 산소는 구조물의 복판으로 돌게 됨으로써 사람들이 호흡하게 되는 이치이다.

따지고 보면 풍수지리란 방향을 나누어 따지는 학문이다. 어느 방향에서 공기가 들어오고 어느 쪽에 앉아 있느냐 하는 것이 양택 풍수 인테리어의 이론이다.

추사(秋史) 김 정희(金正喜) 고택(古宅)
천하명당(天下明堂)이다

[충청남도 예산 소재. 추사 김 정희 고택]

추사(秋史) 김 정희(金正喜) 선생은 1786년 충남 예산군
신안면 용궁리에서 태어나 조선조 후기 유림의 학자이자
명필가로 또는 암행어사와 중앙관리로 벼슬을 두루 거치

면서 제주도에서 귀양살이도 오래 하였다. 우리들은 추사 김 정희 선생하면 서예의 대가로 많이 알고 있다.

추사 김 정희는 1856년 향년 70세의 일기로 고인이 되었는데, 사람은 죽어서 이름을 남긴다는 말처럼 서예인들의 우상이 되어 있고 서예하면 추사 김 정희 선생을 빼놓을 수가 없는 것이다.

추사 김 정희 선생의 생가를 찾아가 보고서 사람은 태어나서 마음대로 자라고 살아가는 것이 아니라는 것을 새삼 느꼈다.

추사 김 정희의 고택은 풍수지리에 식견이 조금이라도 있는 사람이라면 바로 느낄 수 있을 만큼 밝고 생기있는 좋은 양택이다.

우선 좌청룡과 우백호가 좌우 삼태기처럼 산으로 둘러싸여 소쿠리처럼 생긴데다가 주산의 맥(脈)이 집의 뒤쪽에까지 뻗어와 입구자(口)형태의 집을 지어서 전형적인 과거 사대부가의 가상의 형태를 이루었다.

그러나 사랑채는 안채로 들어가는 대문을 가로막아 부잣집 양반가 형태를 이루다 보니 양택 풍수에서 보는 형국론에서 기두가 맞지 않으므로 장남이 있다면 장남에게는 좋지 않은 가상이다.

아무튼 집의 구조나 주는 양택론에 어긋나지만 집의 터

는 천하의 명당이라는 것을 알 수 있다. 집의 뒤쪽에 둘러싸인 대나무가 흔히들 말하는 오죽(烏竹)이라 매우 氣가 충만하다. 대나무가 검붉게 되어 있다는 것만 보더라도 氣가 얼마나 많은 곳인지 짐작케 하는 것이다. 명필가나 학자들의 공통점이 있다면 태어나서 자라고 머무른 집의 터에 氣가 충만하다는 공통점이 있다.

강원도 강릉에 있는 율곡(栗谷) 이이(李珥) 선생이 태어난 집터와도 비슷한 점이 많다. 이런 점으로 미루어 볼 때 우리는 자식을 낳고 기르는 집을 절대 소홀히 생각해서는 안 될 것이다.

집을 짓거나 집을 살 때 전문가에게 자문을 받고 맑고 깨끗하고 주변 환경이 좋은 곳에 주택을 장만한다면 앞으로 우리 후손들 중에서 많은 훌륭한 인재가 태어날 것이다.

오죽헌(烏竹軒)은 천하(天下)의
명지(明地)이다

[강원도 강릉시 죽헌동 소재. 오죽헌(烏竹軒)]

　강원도 강릉시에 있는 오죽헌(烏竹軒)이다. 역사적으로 유명한 신사임당과 유학자로서 거목 율곡(栗谷) 이이(李珥)가 태어난 곳이다. 오죽이 원래 색깔이 까만색으로만 생각했었는데, 자세히 관찰해 보니 그렇지가 않더라는 것이다.

처음에는 대나무가 파랗게 자라서 점차로 붉어졌다가 나중에는 까맣게 변하게 된다. 그 대나무는 명당 터에서 氣를 많이 받아서 점차로 검붉어진다는 결론이다. 만약 그 대나무를 다른 곳에다 옮겨 심어 놓으면 색깔이 파랗게 청록색으로 되지 않을까 생각해 본다.

필시 실험해 볼 만한 과제이다. 이 곳 뿐만이 아니라 다른 곳에도 검은 대나무가 있다하니 그 곳 역시 氣가 많이 함축되어 있는 곳인지 알 수 없는 일이다. 과거 중국에서 부터 오죽(烏竹)이라 해서 검은 대나무가 있었다. 우리나라에서도 간혹 볼 수가 있으나 그리 흔하지 않다.

그리고 또 한 가지 알아 두어야 할 것은 대나무가 자라는 곳에는 항상 氣가 많고 양명(陽明)한 땅에서 번성한다는 것이다.

오죽헌도 역시 신사임당과 율곡 선생 같은 분이 태어난 고장으로서 명당 터로서 氣가 충만한 곳이다. 그리고 전국 어디를 가나 마을이 번창하고 부(富)를 누리는 곳에는 어김없이 대나무 밭이 있는 것이 대부분이다.

충(沖)하면 좋지 않다

[지붕이 충하는 건축물]

옛날부터 주택을 지을 때 삐죽삐죽하게 날카로운 것이
튀어 나오는 것을 가장 싫어한다. 이것은 그 집에서 살고
있는 사람도 피해를 보게 되고 주변에서 이 지붕을 쳐다
보는 사람들도 해를 입게 된다.

그래서 옛날부터 선인들은 이러한 지혜를 이미 알고서 집을 지을 때 삐죽삐죽하게 튀어 나오는 모양을 금하고 있다.

과거 어른들의 말씀에는 남의 집이건 자기 집이건 모서리가 날카롭게 쳐다보이는 것을 싫어하고 그 곳에는 앉지도 못하게 하였다.

위 사진처럼 이렇게 심하게 날카로운 건축물이라면 어떻게 평범하다고 볼 수가 있겠는가!

건축물을 세울 때 아무리 예술적인 미(美)에 감각을 살려서 짓는다고 하지만 이러한 것들은 상호간에 좋지가 않다.

설령 문화유산이라 하지만 외간상 보기에 좋지 않고 그렇다고 하여 문화유산을 쉽게 흘러 버릴 수 없는 노릇이다. 그렇다면 애초부터 이러한 충하는 건물은 짓지를 말았어야 했다.

하등에 이러한 집이 아니더라도 험한 인상을 주는 건축물은 풍수적으로 논하지 않더라도 일반적인 상식으로 볼 때에도 좋다고 볼 수 없는 것이다.

가상이 충(沖)을 받으면 안 좋다

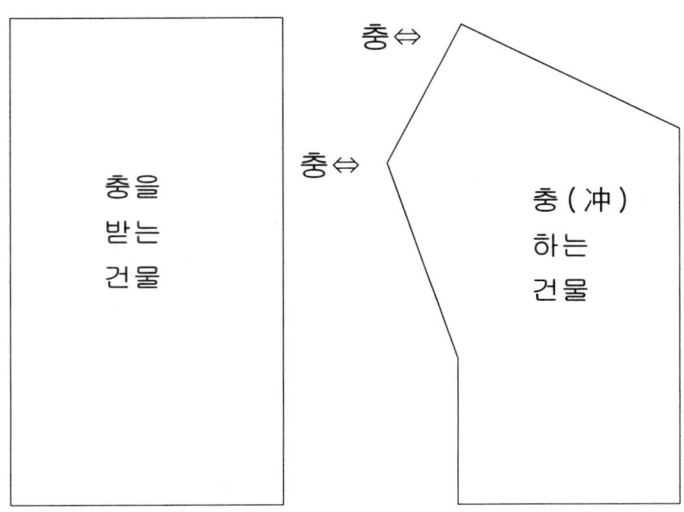

[상충(相沖)하는 건물]

대지의 형태에 따라 양택의 주(主) 건물이 지어지기 마련인데 위 그림과 같이 아무리 자기 집을 잘 짓고 가상법에 알맞게 지어졌다 하더라도 옆집이 나의 집을 충하게되면 좋지 못하다.

근래에는 도시 계획이다, 도로 확장이다 하여 땅의 모양세가 비뚤어지다 보면 방향을 올바로 잡을 수가 없게 되어 위와 같은 가상이 나올 수가 있다.

수년 전 필자는 어느 집을 봐 달라는 부탁을 받고 가 보게 되었는데 집의 방향과 구조나 대문은 그런대로 바로 나와 있고 특별한 단점을 잡을 게 없었다.

그런데 그 집에서는 좋지 않은 일들이 수없이 일어났다는 것이다. 전에 살던 세대주가 죽고 다시 이사 온 사람도 죽었다는 것이다.

그럴 리가? … 하고는 밖으로 나가서 집 주위를 돌아보았다. 아니나 다를까 집 뒤쪽으로 돌아가 보니 바로 뒷집의 건물이 그 집의 주(主)를 정면으로 충(沖)하고 있는 것이었다.

충이란 집의 모서리가 날카롭게 삐쭉한 쪽이 그 집을 향하고 있는 것을 말한다.

본인의 집은 별 탈이 없이 가상학에 알맞게 지어졌다 하더라도 옆집이 잘못되어 충돌함으로 인해서 본인이 피해를 보게 된다는 사실이다. 이것은 타의에 의해서 피해를 입게 된 것이다.

물론 환경이란 물과 공기, 주변의 인심도 중요하겠지만 건물이든지 심지어는 커다란 나무숲까지도 영향을 받는 것이 가상학의 진리이다.

자기가 살다가 자손대대로 물려줄 집이라면 여간 신경을 쓰지 않으면 안 된다.

근래에는 직장이나 기업에 따라서 자주 이사를 하게 되겠지만 그래도 한번 이사를 가게 되면 옮기기 힘든 것이 집이라는 것을 생각하고 잘 살펴서 이사를 해야 한다.

그리고 충이란 음양오행에서 서로 상충(相沖)하는 것을 대단히 좋지 않게 여기고 모든 만물의 이치는 합(合)을 함으로써 좋게 보는 것이다.

양택(陽宅)의 길상(吉相)

양택에서의 길상이란 주 건물이 대지의 정 중앙에 위치하고 있으며 뒤쪽에는 주산이 잘 받쳐 주고 있는 것이다. 그리고 좌청룡과 우백호가 잘 감아 주었다. 양택 삼요결에서 말하는 전저후고(前低後高)라는 용어에 어울린다.

전저후고란 주(主) 건물이 약간 높아야 하고 기타 부속 건물이 약간 낮아야 한다는 것이다. 그리고 주변에 정원이 주 건물의 대지보다 약간 낮음으로써 전저후고의 가상에 적당하다.

전저후고라 하더라도 뒤쪽에서 받쳐 주는 주산이 급경사로 이루어져 있다면 이것은 좋지가 않다. 산에서 내려오는 氣가 설기가 되기 때문이다.

자연상태에서 원만한 경사가 짐으로써 산사태나 급작스러운 소나기 또는 홍수 같은 물은 피할 수가 있다.

주 건물이 높게 됨으로써 아래로 내려다보여서 시원한 느낌을 주게 된다. 제일 중요한 것은 건물의 모양세가 원만하게 잘 지어져야 하고 외관상 보기에 각이 많이 지거나 모서리가 날카로운 것을 피해야 한다. 위 건물은 모든 것을 종합해 볼 때 골고루 갖추어진 형태로서 길상이 된다.

그 집에 들어간 사람 부자(富者)되어
나가더라

　양택의 가상법에 의하면 크게는 동사택(東舍宅)과 서사
택(西舍宅)으로 구분하며 동사택은 주(主)가 동쪽에 배치
되어 있었기 때문에 대문 또한 동사택에 알맞게 내주어야
하고 서사택은 집의 주가 서쪽에 배치되어 있기 때문에

서쪽에 알맞게 내어 줌으로써 길격의 집이 되는 것이다.

그런데 과거부터 한동네에서 오랫동안 살다가 보면 어느 집이 잘 풀리고 재산을 모은다는 것을 잘 알게 된다. 그 집이 돈을 벌어서 큰 집으로 이사를 하고 나면 후임으로 이사 오는 사람 역시 재산을 모으곤 한다.

가령 을지로에 어느 냉면집이라든지 서대문 어느 곰탕집이라든지 집은 비록 허술하고 보잘 것 없는데 음식을 먹으러 찾아오는 사람들은 돈이 많은 고급 손님들이 줄을 지어서 찾아오는 바람에 밖에서 대기하고 기다렸다가 음식을 먹곤 한다. 필자는 그러한 집들을 유심히 연구해 본 결과 풍수지리적으로 보는 주택의 삼요결에서 말하는 3대 조건을 모두 갖추기가 힘들더라도 서사택이면 서사택에 맞게 대문이 나와 있는 것이 사실이고 동사택이면 동사택에 알맞은 대문이 나와 있다는데 필자도 놀라지 않을 수 없었다.

하등에 그 집들뿐만 아니라 사방 곳곳에 이러한 집들이 수두룩하다는 것이다. 그런데 그 집에서 장사가 잘되어서 돈을 많이 벌어서 집을 헐어버리고 땅을 넓혀 깨끗하게 잘 짓고 장사가 더 잘될 것이라고 믿고 지어보면 아니나 다를까 손님이 뚝 끊어지는 것이다.

이것은 다름 아닌 대문을 몸체와 맞추어 궁합이 맞지 않게 내었다는 데서 문제가 생긴 것이다.

양택 삼요결에서는 사정방위(四正方位)와 사우방위(四隅方位)를 합하여 8방위로서 각 4방위씩을 동서사택으로 구분하고 있으며 이것은 물론 전문적인 풍수지리법을 습득하므로 알 수 있는 일이다.

하지만 현대에 와서는 풍수지리를 아예 무시하는 경우도 있고 어설프게 봐서 대충 지어버리는 경우가 허다하며 땅이 생긴 모양과 지면의 편리함만을 생각하고 적당히 지어지기 일쑤이다. 하지만 택리지(擇里志)에서도 지적한대로 일일이 맞출 수가 없다 하더라도 어느 정도의 음양(陰陽)의 배합 정도는 맞아야 한다는 것이 필자의 소신이다.

일개 가정에서도 주인이 있고 식솔이 있듯이 집 또한 주가 있고 객이 있고 음양이 존재한다는 사실을 인식할 때 우리들이 생활하는 공간이 쾌적하고 자연의 이치에 어긋나지 않는다는 사실을 알게 되면 평생을 살고 후손들에게 까지 물려줄 집이 가상을 함부로 짓고 대문을 편리한 대로 내지는 않을 것이다.

우리들이 살아가면서 어느 집은 들어가는 사람마다 다 망하고 나가는 반면 어떤 집은 들어가는 사람마다 다 부자가 되고 집안이 잘 풀려 나간다는 것을 흔히 보게 될 것이다. 이런 점을 중요하게 생각한다면 가상에 더욱 신경을 쓰게 될 것이다.

초가 삼간집 가난하다

　예부터 초가삼간 집을 지어서 보금자리를 만들어 보자
는 소박한 희망을 가지고 살던 시대가 있었다. 인간이 세
상에 살면서 부(富)와 명예(名譽)를 버리고 마음을 비우고
산다면 아마도 믿음으로서 깨우친 사람이나, 아니면 많은

학문을 터득하여 도(道)를 닦아 도달한 사람일 것이다. 누구나 한 번 쯤은 잘 살아 보자고 노력하는 것이 당연한 일이다.

하지만 초가삼간 집이 가난하다는 말이 당연하게 생각할는지는 모르지만, 풍수지리적으로 따져보더라도 그럴 수밖에 없다. 우선 안방에 알맹이가 없다는 것이다. 즉 집 내부에 공간이 너무나 적어서 과일로 비교한다면 감 크기 정도밖에 되지 않는다.

조선조 이후 60년대 이전에 우리나라의 주택구조는 대부분 초가삼간이 전형적인 구조였다. 거기에다 부(富)가 조금 쌓인 집안이라면 공간이 조금 넓어지고 그 위에 기와만 올렸을 뿐이다.

특별히 구조나 형태가 바뀐 적이 드물다. 그래서인지 우리 조상들은 한결같이 의식주 문제로 생사를 걸어야 했다.

근본적으로 좁은 공간에 많은 부(富)가 쌓일 리가 없다는 것이다. 풍수지리란 주역(周易)에 근본을 둔 학문으로 세상 만물의 이치를 결집함으로써 가상을 보는 데에도 형이상학적인 학문이 부합되어 있다는 것이다.

그래서 사람의 인상도 후덕해야 되듯이 가상도 후덕하고 넉넉해야 재물이 쌓이는 이치이다.

오막살이에서 과부 홀아비가 난다

[오두막 집]

오랜 역사 속에서 전해 내려오던 오막살이 집이란 이제
는 전설적인 존재가 되어버리고만 것 같다. 근래에는 찾아
볼 수조차 없다. 오막살이의 사상적인 형국을 풍수지리의

입장에서 정리해 보기로 하자.

오막살이 집이란 단칸방이고 보니 대부분 가난하고 식구가 단촐한 식구들의 보금자리이다. 이를 풍수적인 입장에서 학문적으로 따져본다면 다음과 같다.

주역의 근본인 음양오행에서 말하는 근본은 남좌여우(男左女右)라 했다. 이 말은 남자는 왼쪽 방향이고 양(陽)이고 여자는 오른쪽 방향이며 이것은 음(陰)이라 했으니 사람이 기거하는 집도 음양의 이치가 맞아야 한다는 것이다.

그런데 오막살이 집에는 방(房)이 하나밖에 없으니 여기에는 결코 음양에 조화가 없으며 길흉화복조차 논할 거리가 못된다는 것이다.

풍수지리에서 길흉화복이란 어떤 형태의 논쟁거리가 되었을 때 형국론이다 형상론이다 해서 부귀영화를 논하는 것이다.

그래서 이러한 오막살이 집은 음양이 없으므로 홀아비나 과부가 사는 집이라는 것은 매우 일반적인 상식에서 나온 지론이다.

물론 홀아비나 과부가 아닌 사람은 이런 단칸방에서 오래 살 리도 없으려니와 오래 산다 하더라도 형상적인 대로 옮아간다고 본다면 어느 한쪽이 잘못되는 경우가 생기게 되는 것이다.

가령 방이 좌측(左側)에 있고 부엌이 우측(右側)이라면 이는 필시 홀아비가 되는 격이고 방이 우측에 있고 부엌이 좌측이라면 이것은 필시 과부가 되는 집의 형국이다.

옛날부터 우리 조상들은 집을 지을 때 좌우로 방 2개를 넣고 그 옆에다 부엌을 만들어서 삶의 터전을 마련했다. 그래서 아이들이 자라면 남은 방으로 보내서 생활하는 터전을 잡았다.

주역에서는 양중유음(陽中有陰), 음중유양(陰中有陽)이라 하였으니 이러한 학문의 기초는 필시 우리 인간이 이 세상을 살아가는데 과학적인 리듬을 찾도록 하는 것이다.

그래서 집을 짓거나 방을 들일 때에도 설계하고 꾸미는 것에 소홀함이 있어서는 안 될 것이다.

원래 풍수지리란 주역에 근본을 둔 학문으로 음양오행이 잘 맞아야 되는 것이다.

여자가 음탕(淫蕩)하는 가상

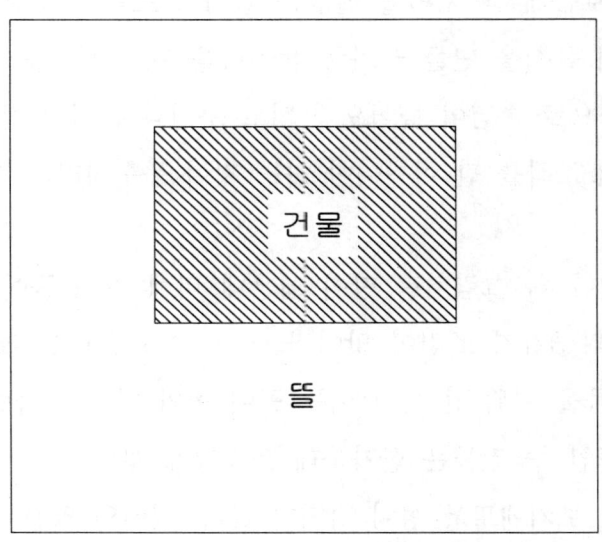

[집터인 땅이 음(陰)이다]

가상법으로 길흉을 보는 데에는 주역의 8괘로서 8방위를 기본으로 하는 방법과 택향(宅向)을 기본으로 하는 좌향법(坐向法) 또는 기문 둔갑법과 명궁법(命宮法), 양택 3요결 등 여러 가지 가상법이 있다.

여러 가지 가상법을 어느 방법으로 보는 것이 중요한 것이 아니라 문제는 그 집을 보고 결정하는 화복론에 있다. 문(門), 주(主), 조(灶) 이 3가지를 기본으로 하여 그 집에서 일어나는 일들을 판가름하는 것이 이론이다. 문은 사람으로 본다면 입에 해당하는 것이고 주는 집의 중심점으로 보는데 곧 주인을 일컫는 말이고 조는 주방으로 주방에서 음식을 만들어 가족의 건강을 보존하는 곳이다.

대문으로 손님이 들어오게 되고 주인과 손님이 합이 잘 맞아서 조화를 잘 이루어야 하는 것이 풍수지리의 기본이다.

그러나 위 그림처럼 땅이 넓은데 비해 주 건물이 작으면 위의 3가지 조건이 맞아 들어갈 수가 없다는 것이다. 주 건물을 에워 싼 듯 보이는 곳이 집의 터인데 사방으로 둘러싸인 주 건물은 한가운데 조그맣게 보인다.

우선 보기에도 균형이 맞지가 않다. 집터인 땅은 음(陰)인 반면 주 건물은 양(陽)이다. 양이 턱없이 적은 것이 특징이다. 이러한 가상의 공통점은 집 안에 딸이 많다는 것이다.

그런데 딸이 많다는 데 문제가 있는 것이 아니라 이와 같은 가상의 집에서는 여자들이 음탕하다는데 문제가 있다. 보기에는 집의 터가 사방으로 넓고 탁 트여서 좋게 보일지는 몰라도 이러한 가상은 풍수지리적으로 볼 때 매우 허(虛)하게 보는 것이다.

모든 사물은 정도가 있는 법으로 적당한 면적의 땅에 알맞은 건축물을 세우고 아담하고 안락한 분위기가 매우 중요하다.

이로써 땅에서 발생하는 지기와 인체에서 발생하는 氣가 융화되어 오래도록 보존되고 머물게 해야 할 것이다.

그러나 이 그림과 같이 주변이 허한 가상에서는 氣가 산발적으로 흩어져 버려 살풍(殺風)이 감돌게 되고 더구나 땅이 넓은 관계로 음기(陰氣)가 돌게 되어 좋지 않은 것이 풍수지리의 이론이다.

양택 3요결에서 말하기를 건축물이 적은데 터가 너무 넓으면 좋지 않다고 하였다.

반대로 터가 좁은데 건축물이 너무 크다든지 하는 것도 모두 불균형으로 보는 것이다.

현모양처(賢母良妻)를 두는 가상

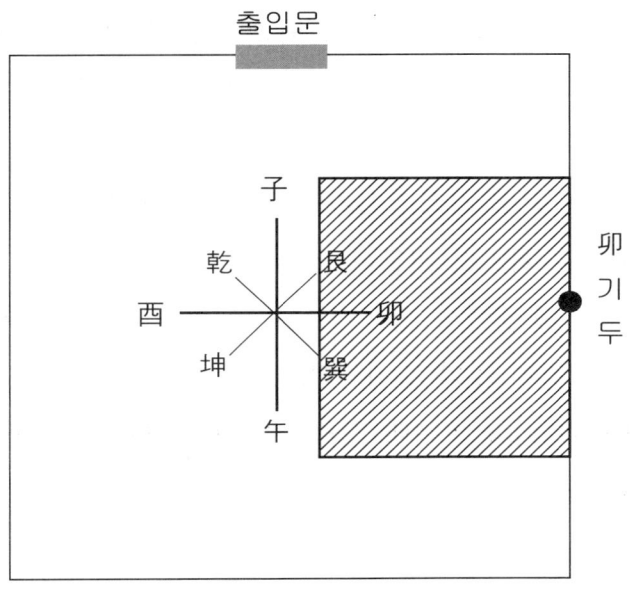

[묘기두(卯起頭)]

　현대 사회에서 한 가정에 가장은 아침 일찍 출근을 하고 저녁 늦게 퇴근을 한다. 어느 가정이고 비슷한 생활이고 보면 이것이 산업사회의 생활양식인지도 모른다.

　그러나 다 같이 아침에 출근하고 저녁이면 퇴근을 해도

어느 누구는 현모양처를 두고 가정이 다복(多福)한 사람이 있는가 하면, 어떤 이는 집에만 들어가면 아내와 다투기가 일쑤이다 보니 집에 들어가기가 싫어하는 가장이 많다.

여기서 한 가지 눈여겨 볼 필요가 있다. 사무실이건 어느 가게가 되었건 간에 자리를 잘 차지하고 앉아 있는 사람은 현모양처(賢母良妻)를 두고 집에 들어가면 황제 대우를 받는다.

집에 가서 푸대접을 받는 가장이라면 필시 책상 자리를 잘못 앉아 있다는 점이다. 그렇다면 누구나 잘 앉아 있으면 될 것 아닌가 하겠지만, 그것이 마음대로 되는 일이 아니다.

본인이 풍수지리를 잘 아는 사람이라면 몰라도 본인이 풍수지리를 모른다면 어쩔 수 없는 노릇이다.

양택 풍수지리라면 처음부터 어렵게 생각하고 아예 배우려고 생각조차 않는다는데 문제가 있다.

요즘 필자에게는 각계 각층에 있는 사람들이 양택을 배우러 오고 있다. 손쉽게 배워서 각자가 좋은 자리를 차지하고 좋은 가상의 집을 지어서 모두가 잘 살고 부(富)를 축적한다면 국가가 부흥해지고 태평성대를 누릴 수 있을 것이다.

우리는 흔히 사각형의 사무실을 쉽게 볼 수 있다. 사무실이 북쪽에 출입문이 있다면 사무실의 중앙지점에서 패철로 보아 임자계(壬子癸)의 수국(水局)이 된다.

동쪽에 책상을 두었다면 묘좌(卯坐) 즉 갑묘을(甲卯乙)의 방향으로 목국(木局)이므로 이러한 경우에 나무는 물이 있어야 잘 자라나게 된다.

오행이 수생목(水生木)함으로서 장기간 이 자리에 머물고 생활하면 자연히 매사가 잘 풀리게 되고 현모양처를 얻게 되고 학생이라면 시험에 합격하고 직장인이라면 승진할 수 있는 최상의 자리 배치가 되는 것이다.

한일자(一字) 집 빈곤을 면치 못한다

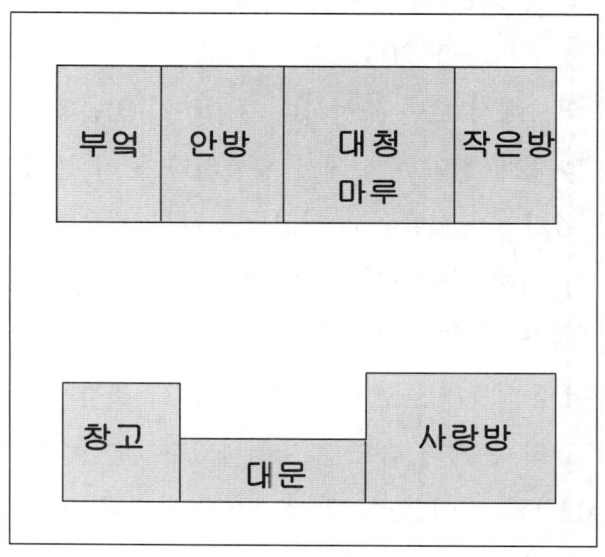

[한일자(一) 집]

조선시대부터 전형적인 한일자(一) 집 형태가 유행되어 왔다. 어쩌면 그 훨씬 전부터 이러한 형태의 집들이 유행했었는지 모른다. 그런데 우리가 한 가지 알아야 할 점이 있다. 집이나 산이나 모든 만물은 도톰하고 살이 있어야 이익이 있다는 점이다. 생선도 살이 쩌야 맛이 있듯이 하물며 사람이 가정을 이루고 생활하는 공간이 이렇게 빈약해서야 가난을 면치 못하는 것은 당연한 일이리라! 한일자(一)처럼 기다랗고 바싹 마른 체격의 공간이야 말로 알맹이가 크게 있을 리가 없다. 집의 구조를 살펴보면 그 시대의 삶을 알 수가 있다.

우리 역사에서 보면 조선시대 후기부터 60년대까지만 보더라도 이렇게 빈약한 집에서 생활하다 보니 봄이면 보릿고개를 넘기기가 힘들었고 서민들은 배를 채우기가 너무나 어려워서 심지어는 보리떡이나 쑥을 뜯어서 배를 채우는 굶주린 때가 있었다. 그러나 한일자(一) 집의 장점도 있다. 부엌에서 음식을 만들면서 안방에 온도를 조절하고 흙으로 벽면을 발라 온기와 습도를 조절하였다. 대청마루는 앞뒤로 문이 활짝 틔어 있어 공기순환이 잘되어 여름에 문을 열어두면 시원하고 겨울에는 문을 닫아 놓으면 따뜻하다.

또 마루공간이 집 한가운데 위치함으로써 안방과 작은방의 연결이 된다. 가족이 모여서 식사도 함께 하고 가족끼리 모임의 장소로서 편리한 점도 많았다.

하지만 형상적인 입장에서 본다면 한일자(一) 형태의 모양은 너무나 깡마르고 살이 없기 때문에 알맹이가 적어서 빈곤하다는 것이다. 알맹이가 적으므로 먹을 것이 없고 좁은 공간에서 생활하다 보면 마음마저도 소극적으로 되기 쉽다.

대문(大門)은 사람의 입에 해당한다

　가상법에서 말하는 화복론이란 너무나 잘 맞아 떨어지고 많은 곳을 실험해 보지 않고서는 해답이 있을 수가 없다. 물론 과거 수백 년 동안 경험과 학문에 근거로 확신을 하겠지만 근좌에 와서는 어떠한 과학적인 학문들도 몇 퍼

센트(%)가 맞는지 논란이 많다.

하지만 풍수지리란 그런 실험적인 것들과는 분명히 다르다는 것이 지론이다.

과거 고서(古書)에서 기록하고 있는 화복론이란 현재까지도 너무나 잘 맞아 떨어지는 것이 사실이다. 심지어는 풍수지리를 연구하는 사람들조차도 깜짝 놀라는 일이 허다하다.

가상의 형태란 첫째로 집의 주를 보게 되는데 그 주에 맞추어서 대문을 내어 주어야 한다는 것이다. 가령 대문은 사람으로 보면 입에 해당되는 곳이다. 사람도 입이 옆으로 돌아갔다면 이것은 풍을 맞은 사람이나 있을 법한 일이다. 그래서 집의 대문이 방향에 맞게 똑바로 잘 나와 있어야 그 집의 가상이 바로 되어 있다고 보는 것이다. 대문의 방향에 따라서 천차만별로 화복이 달라지는데 이것은 가령 집의 주가 장녀목(長女木), 진손사(長巽巳)이고 대문이 중남수(中男水)가 된 가상에서 살게 되면 자연히 남자의 氣가 쇠퇴하고 여자가 주장이 강하여 여자가 득세를 하는 집안이 된다.

남근형의 바위

중국 계림에 유명한 리강이다. 기이한 봉우리가 수백 km에 걸쳐 있다. 이 사진은 남자의 남근처럼 생긴데다가 음양이 교세한 모습처럼 보이는지라 풍수지리에서의 형상론에서 본다면 필시 이런 것을 쳐다보면서 집을 짓거나 묘지를 한다면 어떨까하는 생각이다. 답은 둘 중 하나일 것이다. 하나는 음탕한 사람이 태어나거나, 아니면 변강쇠처럼 정력가 태어날 수도 있을 것이다.

요즘처럼 우리나라 사람들이 태국이나 필리핀 같은 곳에 정력제를 먹으러 다니면서 아까운 외화를 소비하지 않아도 될 것이다.

풍수지리에서는 형기론(形氣論), 물형론(物形論) 또는 이기론(理氣論) 등이 있다. 물형론에서는 모든 사물의 형체에 따라서 물체가 그대로 된다고 보는 것이다.

그래서 집이나 묘지가 있다면 이것은 본인으로 보고 안산이나 주변의 형체를 상대자로 보는 것으로서 화복을 논하게 된다.

도토마리 집 쌓기두다

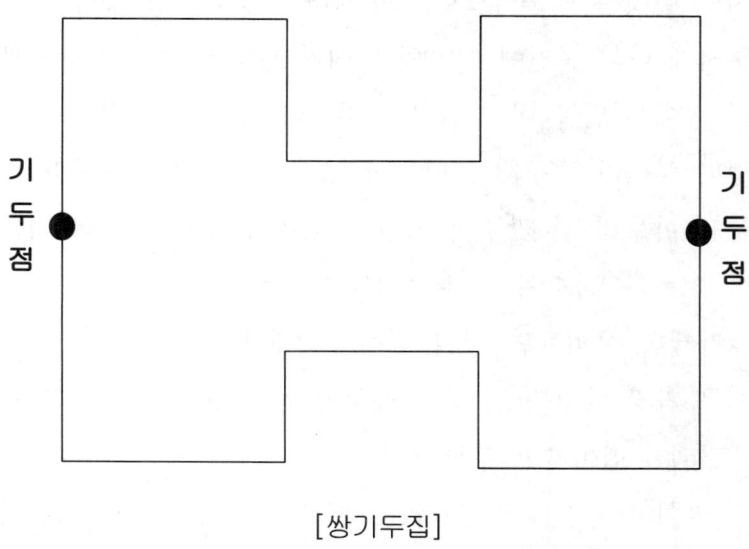

[쌍기두집]

옛날부터 "도토마리 집이 재수 없다"는 이야기는 선조들의 경험에 의해서 속담처럼 전해 내려오는 이야기다. 하지만 사람이 운(運)이 없으면 눈이 먼다고 하였듯이 집은 크게 보이고 값이 조금 싸다 싶으면 당장 사들이기 마련이다. 고생 고생하면서 한푼 두푼 저축하고 모아서 큰 집을 늘려나가는데 재미를 느끼는 것이야 당연하겠다.

도토마리란 베를 짤 때 실을 감아서 넘기는 것이 다. 옛날 사람들은 집의 생김새가 도토마리처럼 생기면 베를 짤 때 자꾸만 넘어져서 좋지 않다고 본 것인지도 모른다. 하지만 이것은 학문적으로 풍수지리를 보더라도 양쪽이 불록하게 나와 중간에는 마치 벌레가 파먹은 듯한 형상으로서 속이 절반쯤 비어 있다는 것이다. 또한 형상적으로 그렇다 치더라도 문제는 다른데 있다. 이런 집은 기두와 대문을 아무리 잘 맞추어 지어도 소용이 없을 뿐더러 대문을 기두와 맞출 수도 없는 형태인 것이다.

자세히 살펴보면 집의 기두가 2개라는데 문제가 있다. 힘을 가장 많이 받는 곳이 양쪽에 있다. 이를 두고 쌍기두(双起頭) 집이라고 부른다.

"쌍기두 집 잘되는 집 없더라"하는 말도 여기서 비롯되었다. 이런 집은 관재구설수가 끊일 날이 없고 남자건 여자건 딴 마음을 먹기 십상이다.

집에서나 회사에서는 주인이 1명이 되어야 결집력이 강하여 잘 이끌어가는 것인데 한 집에 주인이 둘이거나 회사에 회장이 둘이라면 의견이 엇갈려 매일 싸움만 하게 된다.

집의 형태도 마찬가지이다. 쌍기두집의 도토마리 형태는 피하는 것이 상책이다.

특히 근래에는 도시화가 되고 땅값이 비싸고 보니 웬만하면 땅에다가 건물을 맞추어서 마구 짓는 경우가 허다하다. 우선은 득(得)이 될런지 모르지만 장래를 생각해 본다면 너무나 많은 손해가 뒤따르게 된다.

우선 집의 기두와 대문을 맞추고 나서 방을 들일 때도 안방과 작은방 그리고 마루라든지 부엌과 욕실을 잘 배열하여 건축을 한다면 이것은 최소한 대대손손(代代孫孫) 물려주어도 하자가 없을 것이다.

더구나 우리들의 후손들이 살아갈 보금자리라고 생각한다면 더욱 정성과 성의를 다함이 옳을 것이다.

풍수지리 지명(地名)과 관계있다

　풍수지리를 연구하는 사람이라면 누구나 경험하는 일이 겠지만 어느 지역에 가서 지명(地名)을 살펴보면 그 지명 과 같이 그 주변도 유사하게 변해가는 것을 보게 된다. 필 자는 수년 전 경기도 광주시 퇴촌면 어느 곳에 가서 유사 한 일을 경험하게 되었다.

산을 봐 달라는 주문을 받고 그 일대를 돌아보게 되었
는데 겉으로 보기에는 산의 생김새와 산맥의 기복(起伏)
변화가 일기일복(一起一伏)하면서 그럴 듯하게 산의 변화
를 이루면서 형국을 이루고 있었다.

그런데 아무리 보아도 혈(穴)이 맺은 듯하면서도 혈이
이루어지지 않았다.

용(龍)이 죽은 듯했고 생용(生龍)이 되지 못하고 수형산
(水形山)이 되고 말았다는 느낌을 가지게 되었다. 무더운
날씨 속에 땀을 흘리며 한참을 돌아다녀 보았지만 이 곳
이 명당(明堂)이 있을 것 같지 않아 내려오고 싶었다.

그래서 사람들에게 빨리 내려가자고 하고 아래로 내려
와 음료수를 마시며 잠시 쉬는 동안에 이곳 마을 이름이
무엇이냐고 물었다. 대답은 수왕리(水旺里)라 했다.

수왕리라면 명당이 없겠다고 했더니 그 사람은 과거 어
릴 때 이야기를 들려주었다. 즉 이곳 계곡에서 고기도 잡
고 했는데 팔당댐 건설로 온 천지가 물바다가 되었다는
것이다.

필자는 그 이야기를 듣고 진작 이야기했더라면 오늘 이
렇게 고생하지 않아도 되었을 텐데 하며 아쉬워했다.

왜냐고 묻는 말에 수왕리(水旺里)라면 말 그대로 물이
많다는 뜻이고 댐으로 이미 물 천지가 된 이 곳에는 그 水

氣로 인하여 명당이 있을 수 없다고 하였다.

명당이란 양명(陽明)한 산천 정기(精氣)가 응결이 되어 혈(穴)이 이루어진 곳이다. 산천정기란 말 그대로 맑은 氣를 말함이니 氣란 물과 반대되는 것으로서 氣는 산을 타고 흘러가다가도 물을 만나면 흩어지기 때문에 물 가까이에 가게 되면 멈추어 버리는 것이 특징이다.

그래서 물과 돌은 풍수지리에서 가장 금기시하고 있다. 또한 춘천댐이 있는 곳에 수구동(水口同)이 있다. 이 곳도 춘천댐 건설로 댐의 물이 흘러내리는 수구(水口)가 된 것이다.

그래서 지명만 알아보아도 그 곳의 발전상황과 명당이 있을 것인지에 대하여 어느 정도 간파할 수 있다. 전국을 다니다 보면 이러한 지명과 관계된 일들이 무수히 많다.

이러한 사실은 우리나라의 지명의 유래라는 책에서도 잘 말해주고 있다. 마찬가지로 사람도 이름에 따라 성장하면서 변해 간다는 점에서 본인에 이름도 좋아야 한다.

일본(日本)의 풍수지리

　우리나라에 풍수지리의 학문이 들어온 지 천여 년이 넘어섰다. 하지만 아직까지 많은 국민들에게 전달되지 못하고 있는 것이 사실이다. 오래 전부터 전해 내려오는 전설이나 관례처럼 생각하고 있는 경우도 있다.

기록에 의하면 풍수지리는 고려시대 도선국사가 중국에서 배워 왔다는 것이다. 이후 불교계에서 무학대사, 서산대사, 사명대사 등 많은 고승들이 공부를 했었고 유교계에서는 정도전, 남사고, 이지함, 맹사성 같은 학자들 외에도 많은 학자들이 풍수지리를 터득하여 산리를 살피며 활동을 해 왔다.

하지만 아직까지 학문을 체계화하고 쉽게 이해하기 위한 작업이 너무나 미미했던 것이 사실이다.

이웃나라 일본은 우리나라보다 훨씬 뒤에 풍수지리 학문이 전파되었지만 오늘날에는 과연 어떠할지 생각해 본 일이 있는지 궁금하다.

일본은 우리나라를 침범할 당시에 풍수학자를 213명을 교육시켜서 데리고 왔다.

그리하여 우리나라의 산야를 돌면서 산맥을 자르고 명혈(明穴)에다 쇠말뚝을 박은 흔적이 지금도 남아 있다.

이후 일본은 우리나라가 산이 유하고 물이 좋으므로 맑고 깨끗한 지세에 의해서 많은 인재가 난다는 사실을 인식하고 이를 말살하려는 정책을 폈던 것이다.

해방이 된 지 50여년이 지나면서 오늘날 일본은 대학에서 풍수지리학과가 13개 이상이 되고 이들은 조기부터 풍수사를 양성하여 기르고 있다.

그들은 가정집을 하나 지어도 풍수적으로 분석하여 좌향(坐向)을 맞추고 대문을 바로 내어주고 주거 공간을 풍수적으로 생활에 활용하고 있다.

풍수지리 학문이 반 미신적이고 타당성이 없다면 과연 그들이 풍수지리에 그렇게까지 신경을 쓸 리도 없다.

이러한 정황을 볼 때 우리 나라는 일본보다도 역사가 길고 학문을 먼저 확립했어야 할 텐데 아직까지 조기부터 학문의 이론과 실기를 터득시켜 주어야 할 청소년들에게는 이름조차 모르게 되어가는 실정이고 보면 매우 안타까운 일이 아닐 수 없다.

더구나 풍수지리 학문은 처음부터 효(孝)에 관한 학문이고 보면 어른을 공경하고 부모에게 효도하는 학문을 청소년들에게 많이 보급을 하였으면 하는 생각이다.

명당(明堂) 자리에서 태어나면
부귀영화(富貴榮華) 누린다

　명당(明堂)이라든지　명지(明地)라　하게　되면　사람들은　특별한　장소나　되는　것처럼　생각한다. 그러나　누구나　관심을　가지고　조금만　연구하고　신경을　쓰다보면　쉽게　이해를

할 수 있고 누구나 명당을 찾을 수 있다고 보는 것이다.

필자는 풍수지리를 연구하면서 뜻밖에 좋은 경험을 하게 되었다. 아무리 풍수지리를 모르는 사람도 아무 말 없이 명당자리에 데려다 놓으면, 아 여기가 명당이구나 하며 이야기를 하더라는 것이다.

한두 사람도 아니고 수년 동안 여러 사람들을 통해서 경험한 바이다. 필자의 생각으로는 그래서 명당이란 정말로 하늘이 점지하고 땅이 정해놓은 자리라는 것을 느끼게 된다. 명당에 이론을 모른다면 명당에 데려다 놓은들 어떻게 명당인줄 알겠소마는 인간과 자연은 서로 기운이 통하는 것이다.

어린 시절에 명당에서 티어나서 명당자리에서 어린 시절을 보냈다는 이는 필시 좋은 氣를 축적해서 몸 속에 氣가 저장 되어있다는 것이다.

현대 의학에서는 아기가 어머니의 배 속에서 태어나면서 울음을 터뜨리는데, 이것은 어머니의 양수(陽水) 속에서 숨을 쉬지 못하고 있다가 세상 밖에 나오면서 숨을 쉬기 위해서 울음을 터트린다.

이 이론은 주역의 학문과도 일치된다. 주역에서 일찍이 인간은 세상에 태어나면서 울음을 터뜨리는데, 그때 주변에 있는 氣를 신장에서 빨아들여 흡수저장하여 그 신장의 힘으로 평생을 살아간다는 것이다. 현대 의학에서도 주역의 이론과 일치하는 이론이고 보면 풍수지리의 학문도 머지않아 첨단과학으로 입증될 날이 멀지 않았다는 사실이다.

일찍이 주역에서는 어린시절에 받아들인 氣로서 일평생을 살아가는데 신장에 병이 들면 어떠한 약이나 한약도 없다고 했으니 옛날 선비들의 학문에서도 주색을 삼가고 심신을 어지럽히지 말라는 조언도 일리가 있는 것이다.

어린시절에 명당의 氣가 많은 곳에서 태어나 그 氣를 신장에 축적해서 자란 이는 필시 건강하고 머리가 총명하여 부귀를 누리고 존경받는 위인이 될 것임에 틀림이 없다.

중국(中國)의 천안문(天安門)

[중국 베이징[北京]소재. 천안문(天安門)]

　중국에 천안문(天安門)은 아름다운 곡선미를 간직함으로써 만족스러운 건축물의 양식이 되었다.
　내부적으로는 생활공간에서 생활하기가 편리하고 건축

물의 양식이 견고하고 외부적으로는 흉하지도 않고 마치 예술품을 보듯이 아름다운 미를 간직함으로써 최상의 건축물이라 할 수 있다.

천안문이란 중국 역사에서 최고 권력자가 생활하면서 광활한 대륙을 통제하고 다스리던 곳이다. 그러나 지금까지 전 세계 문화유적지를 볼 때 당연히 으뜸으로 보고 있다.

이것은 나라가 크고 부유하다고 해서 되는 것은 아니다. 국민들의 머리 속에 잠재되어 있는 양식의 문제가 되는 것이다.

의식수준이 낮으면 아무리 좋은 건축물을 지어 보려고 해도 잘 되지가 않는다.

어느 나라든지 과거 조상들이 남겨 놓은 문화 유적지를 보게 되면 그 나라의 역사와 조상들의 지혜와 삶의 수준이 잘 나타나게 되는 것을 알 수 있다.

그래서 우리는 고고학을 연구하고 풍수지리에서도 양택(陽宅)을 연구하는 것이다. 그런데 위 사진은 어떻다고 말로 표현하기보다는 눈으로 바로 알 수가 있다.

집의 건축물이 높음으로써 비바람을 막기 위해서 2층으로 처마를 단장해 놓았다. 그래서 그 모습이 웅장하고 마치 다듬어 놓은 공예품과 같다.

싸리문은 기(氣)를 보호하지 못하다

[싸리문]

옛날부터 우리 조상들은 지혜롭고 낙관적으로 세상을 살아 왔고 어떻게 보면 너무나 순진한 느낌까지 받게 된다. 현대인들은 우리 조상에게 배울 점이 한두 가지가 아니다. 풍수지리의 학문을 떠나서 일반적인 상식에서 관찰을 해 보면 우리는 많은 것을 배워야 할 것이다.

현대인들은 대부분 집 안에다 무슨 보물이라도 숨겨 놓은 마냥 외부와의 차단을 하며 살고 있다. 여기서 한 가지 세상에 물건이나 재물을 자기가 가졌다고 해서 모두 자기 것이 아니라는 것은 분명히 인식하고 있을 것이다. 그것은 일시적으로 관계하고 있을 뿐이다.

그런데 우리들은 점차로 남을 믿지 못하게 되었고 무조건 외부와의 모든 것을 차단해 버리기 일쑤이다.

위 사진처럼 선조들은 대문을 해 놓아도 문을 걸어 잠그거나 하는 일은 거의 없었다. 여름이면 통풍이 잘되어 시원한 바람이 들게 되고 겨울이면 태양이 잘 들어서 습기를 제거해 주는 양면성을 지니고 있다.

우리는 머지 않아 위 사진과 같은 풍경은 보지도 못할 뿐 아니라 멀리 후손들에게도 구경조차 시켜 주기가 힘들게 될 것이다.

풍수지리란 이처럼 우리 인간이 몸담고 살아가는 양식과 밀접한 관계가 있다.

싸리문은 내실(內室)이 보인다

과거부터 우리 조상들은 주택을 가꾸는 데에도 많은 신경을 써 왔다는 것을 절실히 보여 주고 있다. 비록 집은 초가삼간이지만 외부의 돌담이나 싸리 대문을 살펴보게 되면 정성이 다분히 베어 있다.

그러나 싸리문의 키가 너무 높다. 윗 쪽을 약간 잘라주게 되면 적당하여 좋았을 것인데 하는 아쉬움이 남는다.

주 건물을 둘러싸고 있는 돌담을 보게 되면 너무 낮은 반면에 싸리문은 키가 커서 돌담과 싸리대문이 조화가 되지 않는다.

모든 사물은 음양의 조화를 이루게 되는 법으로 대문과 마당의 사이를 막아서 구분을 해 주는 것이다. 그래서 옛날에는 싸리문이 형식적이었지 실질적으로 문을 걸어 잠그거나 할 때 사용하는 것은 아니라는 것이다.

요즘 같으면 도둑을 경계하는 입장에서 대문을 높게 한다고 하지만 과거에는 그렇지가 않았다.

집 주변에 대문이 없게 되면 氣가 밖으로 세어 나간다는 뜻에서 담을 쌓고 대문을 만들었다. 그러나 실질적으로 담장이 너무 낮으면 크게 효과를 거두지를 못한다. 그래서 담장은 너무 높아도 너무 낮아도 안 된다.

초가집에서 싸리문은 쉽게 볼 수 있는 것은 아니다. 책자 같은 데서는 간혹 볼 수가 있을지 몰라도 앞으로는 쉽게 구경조차 하기가 힘들 것이다.

풍수 조경도 예술이다

　임금이 살았던 궁궐을 눈여겨보면 대개 남향(南向)으로 집을 지었고 대문도 남쪽에 있다. 사대부의 집도 마찬가지이다. 그것을 자좌오향(子坐午向)의 대문이라 해서 제일 길한 가상으로 본다.

옛말에 3대를 두고 적선(積善)을 해야 얻을 수 있다고 한 집이다. 이처럼 좋은 가상이라 해도 정원이 나쁘면 좋지가 않다. 정원은 터가 반듯한 사각형 내지는 네모꼴이 좋다. 세모꼴이거나 비뚜름한 정원은 차라리 없느니만 못하다. 정원에 심는 나무도 그 크기가 대체로 가지런해야 좋다. 키가 너무 큰 나무와 작은 나무가 중구난방으로 섞여 있으면 공기 순환에 장애를 일으키게 되어 나쁘고 지나치게 잎이 많거나 커서 태양 빛을 가리는 나무나 정원수도 부적격이다.

정원에 아무렇게 나무를 심게 되면 그것이 살풍(殺風)을 일으키는 원인이 된다는 사실을 알아야 한다.

고서에서는 살풍이 일면 재산(財産)이 흩어진다고 하였다. 좀더 설명을 보태면 행운이나 사업운, 재산운이 시들해지고 그 대신 달갑잖은 구설수이나 재앙이 찾아든다는 뜻이다. 정원수로 쓰지 말아야 할 나무도 있다. 예를 들자면 잎이 넓고 많은 오동나무, 덩굴이 지는 포도나무, 등나무, 장미를 들 수 있는데, 특히 장미는 가시가 많아 기피해야 할 점이 추가가 되는 셈이다. 그 다음으로 정원은 습하거나 물이 고이는 곳이 있으면 안 된다. 수돗물을 흔하게 써서 정원을 습하게 해도 나쁘다.

간혹 정원에 연못을 만들어 물고기를 기르는 집이 있는

데, 보기에는 근사할지 모르나 알고 보면 정원에 연못을 만들어 화를 자초하는 경우이다.

정원에 우물을 파고 집안이 망했다는 옛말을 새겨들을 필요가 있다. 연못이나 풀장을 만드는 것도 우물을 파는 일과 다름없다.

뒷문 뚫린 집 좋지 않다

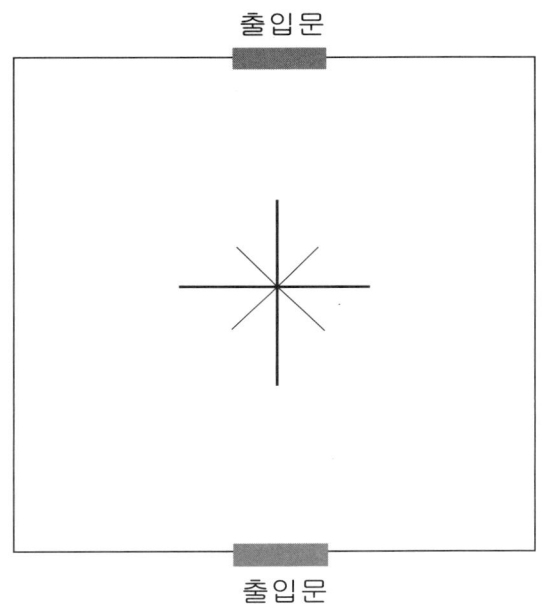

출입문

출입문

▶ 뒷문 뚫린 집이나 방, 상점 등은 모두 좋지 않다.

옛 속담에 뒷문 뚫린 집 사지도 말라는 속설이 있다. 이 것은 풍수지리를 떠나서 상식적인 문제이다. 요즘에는 이 러한 집의 구조가 많다. 출입문이 동서로 나란히 뚫린 집 이 아니면 남북으로 마주 뚫린 집들이 있다. 이것은 생활하다 보면 생활의 편리함을 느낄 수도 있고 과거 냉온 시설이 부족할 때 여름에 더위를 피하기 위한 방편인지도 모른다. 문이 마주 뚫리다브면 맞바람이 불어서 시원하다는 것이다.

하지만 풍수지리적인 입장에서 본다면 氣의 원천인 양기(陽氣)가 모일 리 없고 가상학적으로 생각해 보더라도 밑 빠진 독에다 물 붓는 격으로 돈이나 재물이 들어온다 하더라도 뒤로 모두 빠져 나가는 형상이다.

그래서 옛날부터 뒷문 뚫린 집 사지도 말라는 이야기가 있는 것이다. 이것은 사무실이나 식당 그리고 주택이나 모두 마찬가지이다. 출입문은 사람으로 비유하면 입에 해당이 된다. 입으로 들어오는 음식물은 곧 위장에 저장되어 소화를 시키지만, 예를 들어 입으로 들어오는 음식이 곧바로 뒤로 빠져 나간다면 이것은 위장이 탈이 난 겪이 되는 것이다.

그래서 아침에 일어나면 새벽부터 대문 밖을 깨끗이 쓸고 또 대문을 장식하고, 칠하고 넓게 하는 것도 다 이유가 있는 것이다.

결과적으로 뒷문이 뚫린 집들이 비교적 좋지 않다는 것을 옛날부터 경험으로 지켜봐 왔던 것인데, 근래에 와서 풍수학적으로 논해 봐도 좋지 않는 것이 분명하다.

가령 돈이 많이 들어온다 하더라도 남자가 바람을 피우거나 거꾸로 여자가 돈을 빼돌려 이중생활을 한다거나 하여 재산이 뒤로 빠져 나가게 되는 것이다.

이러한 경우에는 뒷문을 막음으로써 간단히 해결이 되는 문제다. 양택의 가상학은 중국의 전통적인 풍수학의 이론으로 주역의 8괘로서 8방위를 보는 것으로 기본은 좌향(坐向)을 보는 것이다.

양택 3요결에서는 첫 번째로 문을 보고, 두 번째는 주를 보고, 세 번째는 조를 본다.

문과 주와 조가 상생을 하는 것이 가장 중요하다. 출입문이 잘 나와야 하고, 두 번째는 주가 맞아야 하고 주란 그 집의 기두를 말함이다.

조(灶)란 주방을 뜻하는 것으로 인류가 살기 위해서는 가장 기본적으로 먹어야 하는 문제를 해결함으로써 주방의 위치가 좋지 않으면 음식물이 상하게 되는 이치이다.

이 3가지가 잘 어우러짐으로서 풍수지리에서 가장 중요시하는 지기(地氣)가 모이게 되면서 결국 부와 명예를 얻을 수 있게 된다.

막다른 골목집 좋지 않다

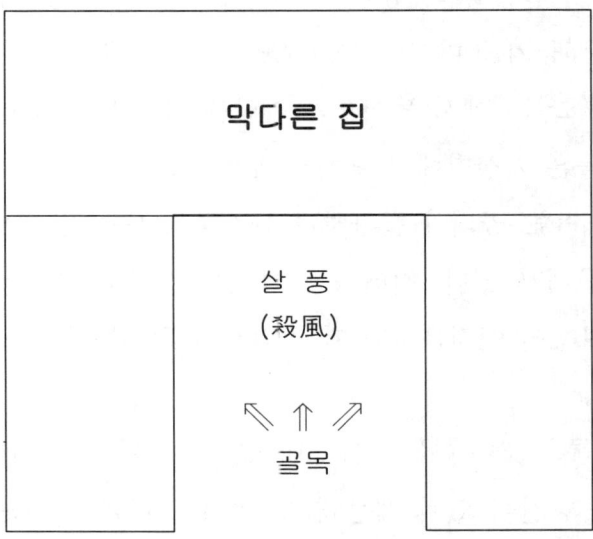

[막다른 집]

가상학에서는 주로 주택의 경우 주(主)나 대문으로 보아서 좌가 맞는지 맞지 않는지를 보고서 길흉을 판가름하고 그 외에도 위 그림처럼 골목이나 길이 길어서 정면으로 가로막고 있는 집이나 건물은 좋지 않게 보는데 이것은 대단히 과학적인 문제이다.

풍수지리를 엄밀히 계산해 보면 이것은 공기의 순환과 관련이 깊다. 어느 방향에서 바람이 들어와서 어떻게 돌아 나가느냐 하는 것이 대단히 중요한 문제이다.

우리 인간은 물과 공기를 마시며 살아가기 때문에 공기도 좋은 공기를 마셔야 하고 물도 좋은 물을 마셔야 한다. 그러나 골목길에서 들어오는 바람을 바로 받게 되면 이러한 집들은 가상학에서 흉가로 보게 되는 것이다.

그 이유는 공기가 순환하여 산소를 만드는 공간이 없다는데 문제가 있다. 집터도 뜰이 정사각형의 모양을 가장 좋게 보듯이 이것은 공기가 돌면서 나쁜 공기를 걸러주는 격이다.

공기를 걸러준다는 것은 네모진 곳마다의 모서리에는 적당한 공간이 있기 때문에 그 곳으로 나쁜 공기는 밀려 나가게 된다.

세상의 모든 사물에는 적당한 공백이 있어야 한다. 한 예로서 여름에 더운 날씨에 땀을 흠뻑 흘리다가도 시내 빌딩 숲 사이로 걸어보면 서늘함을 느낄 수 있다. 더구나 건물은 높은데 골목이 좁고 막다른 골목에서 오랫동안 있다가는 당장에 감기가 걸리고 마는 것이다.

이것은 공기도 순환하여 걸러져야 할 텐데 생 공기를 마심으로써 인체에는 나쁘다는 것이 이론이다.

더구나 막다른 집이나 건물에 오래 살게 되면 순환기 계통에 지병이 올 뿐만 아니라 이러한 집에서 자손이 태어나게 되면 비천자(卑賤者)가 나온다고 하였으니 되도록이면 피하는 것이 좋다.

풍수지리의 학문을 연구하다 보면 과거 우리 조상들의 속담이라든지 흘러져 전해 내려오는 말들이 거짓이 없다는 것을 새삼 느끼게 된다.

물론 이것은 인류가 수천 년을 살아오면서 얻어진 경험과 지식이 포함되어 있기에 오늘날 풍수지리를 연구하고 확인하는데 도움이 되고 있다.

풍수지리의 학문이란 처음부터 완벽한 학문으로 만들어져 있는 것은 아니라 인류가 살아가면서 면면히 얻어진 경험이 담겨진 것이다.

인물을 배출하는 가상

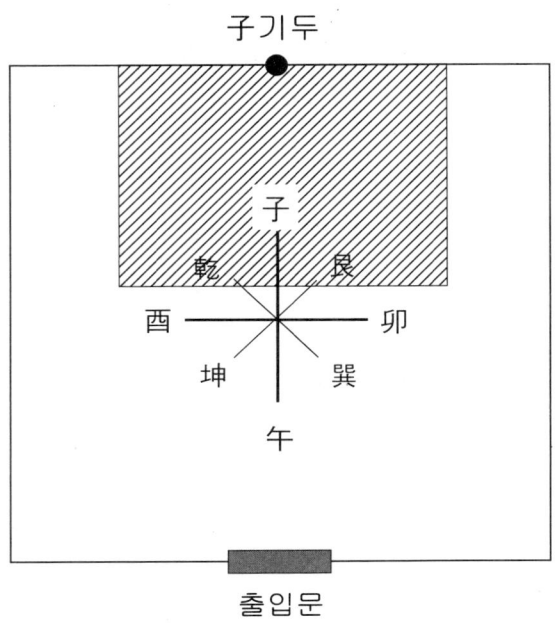

子기두

子

乾　艮

酉　　卯

坤　巽

午

출입문

[자좌오향(子坐午向)]

옛날부터 자좌오향(子坐午向)의 집을 가지려면 3대를 적선(積善)을 하고 좋은 일을 해야만 비로소 자좌오향의 집을 가질 수 있다고 하였다. 이는 필시 사람은 어질게 살고 주변에 인심을 잃지 않고 덕을 많이 쌓음으로써 후손도 잘 된다는 뜻이다. 자좌오향이란 북쪽에서 남쪽으로 보고 앉은 집을 말함이다. 즉 남향집이다. 그래서 옛 궁궐이나 왕이 기거하는 왕실도 역시 남향집이다.

지금 청와대도 자좌오향이다. 왕은 북쪽에서 남쪽으로 내려다보고 호령할 수 있그 총지휘를 할 수 있다는 뜻이다. 오문(午門)이란 남쪽이기 때문에 따뜻한 공기가 들어온다. 손님은 대문으로 들어오기 때문에 후덕한 마음씨를 가진 사람이 남쪽 문으로 들어온다는 뜻이 있다.

풍수지리에서는 앉는 자리나 잠자는 자리의 방향을 매우 중요하게 여기고 있으며, 공부하는 책상자리도 좋은 방향에다 놓고 공부를 해야 머리 속에 잘 들어갈 뿐만 아니라 시험에도 합격할 수 있다.

각 방향마다 들어오는 공기가 다르다. 우리는 가끔 공기좋고 물 좋은 곳에 가서 조금 쉬었다가 오자는 말을 흔히 한다. 그렇다고 보면 풍수지리란 흔히 말하는 미신이나 과거의 학문이 아닌 매우 합리적이며 과학적이라는 것을 알 수가 있을 것이다. 좋은 집을 지으려면 방향을 잘 앉혀야 하고 대문을 잘 맞추어서 내주어야 한다. 또한 각자의 방문을 방향에 알맞게 잘 내어 주어야 하고 방마다 소장하는 기호품이나 가구를 잘 맞추어 놓고 사람이 기거해야 할 장소를 알고 사용함으로써 건강과 명예와 부(富)가 따르게 된다.

사다리식 건물 형태 좋지 않다

　사다리식 건물이라면 아마도 이해하기가 어려울 것이다. 70년대 이후에 농경사회에서 산업사회로 발전하면서 농촌의 단독주택의 문화가 도시로 도시로 밀집이 되면서 단독주택을 헐어버리고 좁은 땅에다 많은 평수의 건물을

지으려다 보니까 이러한 건축의 양식이 마구 지어지기 시작하고 말았다.

분명한 것은 과거에는 땅이 좁다 하더라도 명색이 풍수지리를 아는 사람을 불러서 자문을 받았다. 일차적으로 자문을 받고 나름대로의 양식을 갖추어 최소한의 구조로서 건축을 하는 것이 대대손손이 조상으로부터 자손들에게 전해지곤 하였다.

하지만 근래에 와서 도시의 빌딩이 밀집된 속에서 땅값은 하늘 같이 치솟아 황금의 땅으로 변해 버렸다.

단, 한 평, 한 치라도 더 이용하려고 좁은 땅에다 높이 올리려다보니 이러한 형태의 건물이 들어서게 되었고 또한 우리 조상들이 오랜 세월동안 생활 속에서 전해오던 풍수지리도 반신반의하다보니 누구에게 자문도 필요 없고 설계사에게 맡겨서 설계대로 집을 짓다보니 많은 허점이 노출이 되었다.

풍수지리를 떠나서 건물이 두부모처럼 직사각형으로 생겨야 하고 문을 내려면 한쪽 옆으로 방향에 따라 내주어야 하는데, 이것저것 따질 것 없이 한복판으로 계단을 내어 올라가면서 양쪽 문으로 드나들게 하다보니 실속은 없고 벌레가 파먹은 형태가 되고 만 것이다.

건물 한 복판을 계단으로 하다보니 양쪽으로 갈라지게

되었다. 풍수지리가 아니더라도 이론상 건물이란 뭉쳐 있어야 할 것이다.

하물며 과일도 단단하게 둥글고 잘 익어야 할 터인데, 벌레가 과일의 중앙을 파먹어 버리고 양쪽 껍데기만 남아 있다면 그 과일이 잘 익었다고 하지 못할 것이다.

이러한 건물들이 주류를 이루다 보니 주인이 금전적으로 이익을 보지 못하고 외부만 훤하게 치장하게 되고 속으로는 비어 있는 격이 되고 말았다.

실제로 들여다보면 실속이 없다. 건물마다 은행에서 돈을 빌려 쓰지 않은 집이 없고 셋돈을 받아쓰고 있는 터라 내부적으로는 속이 비어 심지어는 부동산 거지라는 말까지 나오게 되었다.

그래서 우리 인간은 수천 년 동안 살아오면서 조상들의 경험과 지혜로서 얻어진 속담이나 생활양식을 우리는 쉽게 버리려고 하지 말아야 할 것이다.

옛 것을 소중히 여기면서 새로운 문화에 적응해야 할 것이다. 과거 가난하게 살던 시절에 행하던 풍수지리의 학문이 생활이 조금 윤택해졌다고 바뀔 리가 없다는 것이 필자의 생각이다.

저택에 따라서 정력도 좌우된다

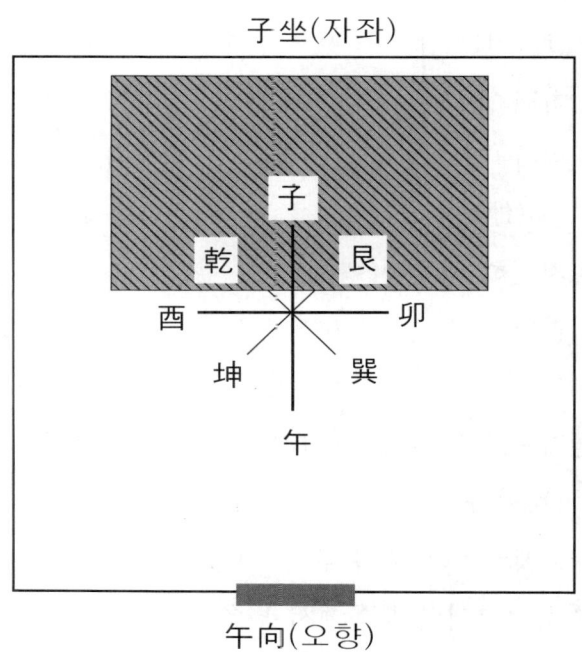

子坐(자좌)

午向(오향)

[자좌오향(子坐午向)]

　양택 풍수는 인간이 오래도록 무병장수하고 부와 명예
를 누릴 수 있는 방법을 찾는 것이다. 주택의 구조에 따라
서 남자나 여자의 건강이 달라진다면 아마 믿기지 않을지

모른다.

하지만 과학기술이 발전하면서 과거 우리 조상들이 연구하고 발전시켜 놓은 풍수지리의 양택구조를 과학적으로 하나하나 풀어나가고 있으니 다행이 아닐 수 없다.

흔히 말하기를 남자는 정력이 좋아야 한다고 한다. 정력이 왕성하면 매사에 자신감이 생기고 사업도 번창할 것은 뻔한 일이다. 정력의 원천은 氣라고 말한다. 좋은 천기(天氣)와 지기(地氣)로써 가상을 감싸 준다면 그 집에 사는 사람은 자연히 정력이 왕성해지는 것이다.

우리 몸에 가진 氣는 자연의 도움 없이는 조화를 이루기 어렵다. 평소에 생활공간에서 살아가다보면 원천적인 氣를 얻지 못하고 많은 에너지와 氣를 소모하여 보충하기가 힘들 것이다.

그래서 옛날부터 제일 좋은 가상은 자좌오향의 집이라 했다. 자좌오향이란 북쪽에서 남쪽으로 보고 지어진 집이다.

위 그림과 같이 남쪽에 대문이 있고 북쪽에 몸 전체가 있으므로 북풍을 막아주고 남쪽에서는 태양이 잘 들게 된다.

태양의 氣는 양기(陽氣)라 한다. 게다가 앞마당이 넓고 적당하면 태양의 에너지와 지기가 합세하여 항상 집에 양기가 감돌게 되어 있다.

조금 더 상세히 설명하자면 지구는 남극점과 북극점이 있어서 서로 밀고 당기면서 氣를 발산한다.

지구는 남과 북의 에너지가 제일 강하다는 것이고 다음은 동과 서로 본다. 동서란 지구가 자전함으로써 돌아가는 회전 속도에서 氣를 받는다는 이론이다.

그래서 아무리 천하장사라도 습기 찬 가상에서 생활한다면 얼마 못가서 병이 들고 말 것이다.

풍수지리에서는 이러한 좋지 못한 기운을 살풍이나 흉풍 혹은 팔요풍이라 한다.

중국(中國)의 비림(碑林)

[중국 서안 소재. 비림(碑林)]

넓고 광활한 대지에 살고 있는 중국인들의 건축양식을 살펴보면 웅장하면서도 섬세함이 표현되어 하나의 예술적인 건축양식을 이루고 있다. 우선 건축물 안에 들어가 보게 되면 넓고 탁 트인데다 기두점이 분명하다.

문(門)이 과학적으로 설계가 되어 많은 사람이 한꺼번에 들어가도 그 많던 사람들이 어느 곳으로 갔는지 알 수 없을 정도로 내부가 크고 웅장한 것이 특징이다.

그리고 이 비림 속에는 수천 개의 비석이 나열되어 있다. 지붕이나 천장이 예술품에 버금간다. 중국 역사 속에서 몇 천년동안 흘러온 이 곳 비림에 오게 되면 한눈에 보고 느낄 수가 있다. 과거 삼국지(三國志)에서 나오는 조조나 관우, 장비, 유비 등 역사 속의 인물들의 필체가 비석에 새겨져 있을 뿐 아니라 그 비석 또한 새까만 오석에다 웅장하고 예술적인 조각으로 새겨져 있다.

우리는 중국의 민족성과 역사를 잘 알아야 할 필요가 있다. 비록 중국인들의 체격은 작지만 그 넓고 광활한 대지에서 태어나 눈앞에 보이는 것이 황야요 기나긴 평야로서 끝이 보이지 않는다.

반면에 그 넓은 광야의 기운을 받아서 사람들의 생각 또한 한없이 느긋하고 먼 장래를 설계하고 있다는 점을 우리는 배워야 할 것이다. 한반도의 지세는 좁고 산이 많은 관계로 눈앞에 산이 많고 태산이 가로 막아 있는 경우가 많아서 외부와의 소식이 단절이 되고 성격이 급하고 길게 보고 멀리 내다보지 못하는 단점이 있다. 이러한 현상은 오직 풍수지리의 지세에 의해 알 수가 있다.

이 만기 장사 태어난 집 명당이더라

[경남 의령 소재. 천하장사 이 만기 생가]

90년대 초반기에 우리나라에서는 민속씨름이 한참 성행하고 있었다. 씨름이야말로 우리 조상 대대로 이어져 내려온 민속경기로서 힘과 기술이 동시에 요구되는 운동경기이다.

그런데 그 당시 천하장사를 최다 차지한 장사가 바로 이 만기 장사이다.

그래서 필자는 이 만기 장사가 풍수지리적으로 어떠한 영향을 받았는지 궁금하여 조사에 나섰다. 경남 의령군 대의면 신전리 곡소 부락 20여 호나 될까 말까한 마을인데, 주변에는 일명 자굴산이라는 해발 8~9백 미터나 되는 산이 삼태기처럼 에워싸고 있었다.

마을 뒷산의 주산에서 흘러 내려온 용세(龍勢)는 힘차고 일기일복(一起一伏)하여 겹겹이 에워싸면서 내려와 집의 좌측 골목을 지나가고 있었다. 마을 사람들이 골목을 넓힌다고 좌청룡(左靑龍)의 꼬리를 자른 곳에 생기 넘치는 흙이 환하게 빛나고 있었다.

모든 과일이나 열매가 그러하듯 대부분 氣가 모이는 곳은 산의 맥이 끝나는 끝부분이라는 점이다.

좌청룡의 끝부분에 닿은 집이 바로 이 만기가 태어난 집이다.

좌청룡(左靑龍) 어깨의 장군바위

　주산의 8부 능선에는 수십 길이나 되는 바위가 서기해 있었다. 좌청룡 어깨에는 일명 촛대바위라고도 하고 장군바위라고도 하는 바위가 있고 주산의 우측 백호에는 토산으로 앞을 가로막고 있다.

좌청룡 어깨에 큰 바위가 서기한다면 풍수지리에서는 장군이 나오며 이는 틀림없이 왼손잡이가 나온다고 하였다. 그래서 이 만기 장사의 부모님께 이 만기 장사가 혹시 왼손잡이가 아니냐고 여쭈어 봤더니 그렇다고 하셨다. 좌청룡 어깨에 귀석이 받쳐줌으로서 왼쪽으로 힘이 쏠리게 되는 이치이다.

안산(案山)이 높지만 집 마루에 앉으면 그리 높아 보이지 않으며 앞으로 이러한 가상에 좌청룡이 에워싸서 앉게 되면 氣가 서리게 되어 장관급이 나올 수도 있는 좋은 명당 터임에 분명했다.

하지만 앞으로 인구가 도시로 도시로 몰리는 경향이 있어서 이러한 산리가 좋고 물 좋고 공기 좋고 풍수지리적으로 국세가 좋은 명당 터가 사라져 버리게 된다면 국가적으로도 큰 손실이 아닐 수 없다.

되도록이면 이러한 집들은 앞으로 대대손손이 비워지지 않았으면 하는 것이 필자의 생각이다. 한 가지 아쉬운 점이 있다면 이 집의 대문이 처음에 있었던 곳이 아니고 옮긴 것이었다.

그러나 대문을 옮겼다고 해도 불배합이 되는 것은 아니었다. 자좌오향의 집으로 풍수지리에서 가장 선호하는 좌로서 귀격(貴格)에 해당이 도는 가상이다.

고 박 정희 전대통령 생가 터
천하명당이다

[경북 구미 소재. 고 박 정희 전대통령 생가]

경북 구미시에 있는 고 박 정희 전대통령(前大統領) 생가 터는 천하명당으로 경북기념물 제86호로 지정이 되어 있다. 풍수지리적으로 본다면 이러한 대길지에서는 반드시 큰 인물이 태어나기 마련이다.

우리나라 역사상 큰 인물이 배출된 고장이나 태어난 생가 터를 가서 관찰해 보면 하나같이 명당이라는 특징이 있다. 그렇지 않으면 선조들의 묘소가 명당에 모셔져 있다.

고 박 정희 전대통령의 성가 터도 금오산의 줄기를 타고 내려와서 끝부분에 가서 구부러지면서 마치 어머니가 아기에게 젖을 먹이는 형상으로서 이 곳은 氣를 함축하고 있을 뿐 아니라 혈상(穴相)이 황금 색깔을 띠는 비석비토(非石非土)로서 양명(陽明)하고 주산에서 끌고 내려온 용맥(龍脈)은 생기가 감돌고 있었다.

일설에 의하면 길을 내느라 용(龍)의 꼬리를 자르는데 하얀 연기가 나더라는 말이 있었다.

집은 비록 삼간 집으로서 보잘 것 없지만 좌향이 갑묘좌(甲卯坐)로서 기두(起頭)가 대문(大門)과 음양(陰陽)의 조화가 맞으므로 천하의 길지가 분명하여 큰 인물이 나온 것이다.

강원도 강릉에 있는 오죽헌도 천하의 길지로서 신사임당과 율곡선생 같은 큰 인물이 태어났으며 추사 김 정희 선생의 고택이라든지 전국 각지로 돌면서 연구해 보아도 큰 인물이 배출된 고장이나 태어난 집터는 한결같이 천하의 대길지로서 풍수지리 연구가들도 감탄할 만한 명당이라는 것이다.

더구나 고 박 정희 전대통령은 우리나라 역사상 빈곤과 가난에 시달려온 나라를 일으켜 세워서 부강하게 만드는 데 힘을 쏟았다. 아무리 정치를 잘하는 군왕일지라도 과거 역사적으로 보면 다 좋아하고 만족할 수는 없는 일일 것이다. 그러나 어떠한 조건 속에서 어떤 일을 해서 성취했느냐에 따라서 후세들이 평가를 해 줄 것이다. 우선 대통령의 자리에 오른 것만으로도 커다란 인물이요 존경할 만하다는 것이다.

가령 이러한 분들이 풍수사들이 보는 좋은 집터에서 태어나지 않았다면 필시 위 조상 代에 반듯이 천하의 명당에 선조의 묘지를 모신 예가 있다.

아무런 뿌리도 없이 맹목적으로 인물이 나는 일은 없듯이, 특히 고 박 정희 전대통령의 집터는 금오산 정상에서 꾸불꾸불하게 내려오면서 기복 변화가 많은 관계로 이를 풍수지리에서는 매우 길(吉)하게 보는 것이다.

작국은 청룡작국(靑龍作局)으로 꼬리부분이 마치 매의 발톱에 해당되는 형국으로 주변 환경이 깨끗함은 큰 인물이 될 수 있음을 뜻하는 것이라 할 수 있다.

노 태우 전대통령 생가 터 천하명당이다

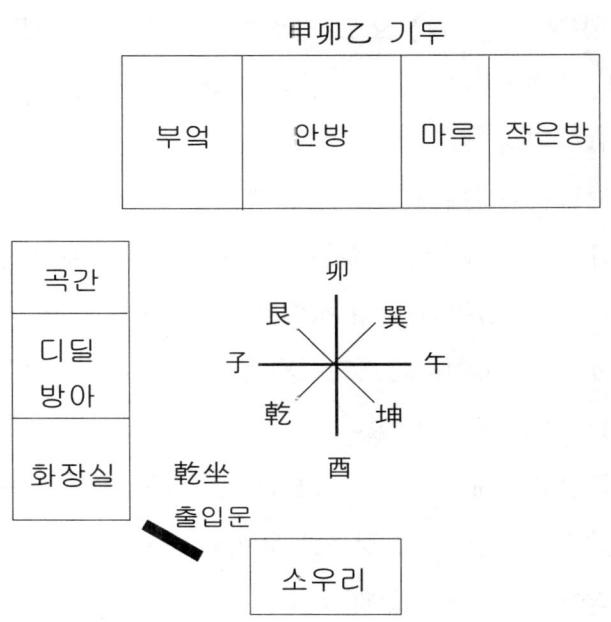

[대구광역시 달성군 소저. 노 태우 전대통령 생가]

대구광역시 팔공산 갓 바위 아래 일명 용주마을에 노 태우 전대통령의 생가가 있다.

노 태우 전대통령이 재임 시기에 필자는 생가 터가 좋은지 선대에 명당이 있는지 알아보기 위해 조사에 나섰다.

당시에는 노 태우 전대통령의 생가에 전국 각지에 풍수사들이 대거 몰려들었다.

용주마을에 들어서니 삐죽삐죽한 산봉우리가 여덟 봉우리가 쳐다보였다. 주택의 가상법에는 8괘의 8방위를 가지고 택향(宅向)을 기본으로 좌향법을 가지고 문(門)과 주(柱)와 조(灶)를 보고 상생상극에 의해서 가상의 길흉을 판단하게 된다.

팔공산의 주산에서 달려온 산맥은 힘이 있고 용세(龍勢) 또한 대단히 변화를 주면서 끌고 와 생가 터에서 멈춤으로서 겸혈(鉗穴)이 되듯이 하여 위치가 매우 좋고 국세 또한 백호작국(白虎作局)으로 좋은 국세를 이루어 마치 삼태기처럼 에워싸고 있었다.

양택 삼요결에서 말하는 가상의 국세는 가까울수록 좋다는 말 그대로였다. 그것은 음택이건 양택이건 간에 보국이 잘되어야 장풍(藏風)과 득수(得水)가 되어 생기가 모이게 되는 이론이다.

이 곳은 보국이나 국세가 마치 한 폭의 그림같이 만들어졌다. 그런데 패철을 가지고 계산을 해보니 삼간집인데 좌향은 갑묘좌(甲卯坐)로 집의 주와 대문이 맞지 않았다.

갑묘좌이면 장남목(長男木)인데 대문은 건해좌(乾亥坐)이면 노부금(老父金)이다.

그러면 주와 대문이 금극목(金剋木)이 되어서 맞지 않는다. 그래서 필자는 당시 집을 지키고 있던 경관에게 이 집은 과거에는 대문이 이쪽이 아니었냐고 물으니 그 경관도 본인들은 내력을 잘 모른다고 하였다.

마침 그 마을에서 태어나서 살고 있는 분이 집안의 내력을 잘 알고 있었다.

그 분은 상세히 설명해 주었다. 처음에는 집이 몸체와 마주하는 아래채가 하나 있었는데 당시에 노대통령의 부친은 면사무소에 다녔다는데 아래채를 하나 더 지었다는 것이다.

그러다 보니 대문을 낼 곳이 없어서 앞으로 돌아 들어오게 되면서 대문과 집의 주가 맞지 않게 되었던 것이다.

집의 주가 갑묘좌(甲卯坐)이므로 작은 방은 진좌(辰坐)가 된다. 그래서 노대통령은 원숭이띠이므로 申이고 출입문은 子이다.

그래서 신자진(申子辰) 삼합이 되어 노 태우 전대통령은 발복을 받게 되었다. 노 태우 전대통령의 태어난 집터는 국세와 보국 그리고 주와 대문에 이어서 태어난 띠까지 일치하는 것이다.

주택명당

제3장

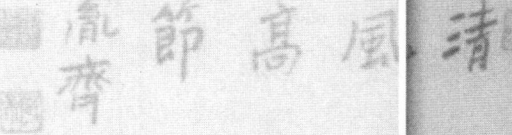

아파트의 명당(明堂)

　인간은 결국 자연에서 왔다가 자연에 순응하면서 살다
가 순수한 자연으로 되돌아가는 것이 세상의 이치이다. 다
만 살아간다는 자체가 고난과 괴로움을 동반하고 있기 때
문에 학문을 하고 수도자로서 인격과 지혜를 갖추어 나가

는지도 모른다. 이 세상을 살아가는 동안에 누구나 건강하고 명예롭게 부(富)를 누리고 살고 싶어 하는 공통점을 가지고 있다.

그래서 과거 조상들이 살아오면서 체험한 경험을 가지고 풍수지리를 연구했을 것이다.

문명의 발전 덕분에 초가삼간에서부터 판잣집 같은 주택의 구조에서 벗어나 호화스러운 고급 아파트로 보금자리를 옮기게 되었다.

그리고 화장실이나 욕실, 우물까지도 실내로 들어오게 되었다. 옛말에 옥에도 티가 있다 했듯이 아무리 고급 아파트라 해도 장단점이 있기 마련이다.

여기에 맞춰 풍수지리의 학문도 많이 바뀌어 가고 있는 실정이다. 과거 풍수지리 학자들에게 아파트를 봐달라면 이것은 막연한 일일 것이다.

아마도 아파트라면 중앙 층을 중심으로 계산하는 것이야 당연하지만 세부적으로 나누어 본다면 매우 정밀하다.

이것은 태어난 생년월일을 풀어서 사주와 맞느냐 하는 것이고 높은 층이 좋으냐 낮은 층이 좋으냐는 각각 본인이 태어난 사주와 관계가 있다.

또한 나이에 따라서 높고 낮은 층을 구분할 수도 있으므로 매우 복잡하다. 가령 노년층이라면 인체에 氣가 허한 관계로 낮은 층이 좋겠고 그래서 가령 10층이라면 중앙 층에서부터 아래로 내려오면서 로얄층을 구분하면 된다.

젊은 사람이라면 중앙에서부터 위로 올라가면서 로얄층을 계산하면 간단하다. 이것은 일반적으로 로얄층의 계산법이지만 정밀하게 따지면 각층마다 각 호수에 따라서 음양오행이 달라지므로 길흉화복이 달라지는 것이다.

가령 1, 2, 3, 4, 5의 숫자에 따라서 음양이 다르므로 서로 극하면 좋지 않다. 그래서 사람마다 어떠한 숫자가 좋다는 것부터 시작하여 타고난 사주에 맞게 맞추는 것부터 너무나 어렵다는 이야기다.

그래서 풍수지리란 인간의 삶 자체일 것이다. 아무리 모르는 생소한 집이라도 그 집에 들어서게 되면 그 집안의 돌아가는 상황을 알 수 있는 것은 그만큼 풍수지리의 학문이 너무나 깊고 과학적이기 때문이다.

아파트의 로얄층

　현대 문명이 발전하면서 주택의 양식도 점차적으로 바뀌어 가고 있다. 우리나라에서는 1970년대 이후 경제 개발 성장을 이루면서부터 점차적으로 모든 생활양식은 서구화되어 가고 있다.

과거 초가삼간에서 한옥으로 또는 70년대 이후부터는 양옥으로 발전을 하면서 지금 도시를 중심으로 아파트가 많이 지어지기 시작했다. 근래에 와서는 아파트가 생활의 보금자리로서 자리를 잡았다.

물론 70~80년대만 하더라도 나이가 지긋한 분들 가운데는 아파트가 벌집같이 지어졌다 하여 답답함을 호소했고 아예 사람이 살집이 못된다고들 했다. 그런데 세월이 지나면서 요즘에는 아파트의 층수를 가지고 논하게 되었다.

풍수지리학적으로 볼 때 몇 층이 제일 좋은가 하고 물어오는 사람도 많다. 풍수지리 학문을 떠나서 객관적인 입장에서 본다면 나이가 많은 사람은 저층 1, 2, 3층을 선호하는 반면 젊은이들은 고층 즉 높은 층을 좋아하고 있다.

이것은 자연의 현상으로 볼 수 있다. 인간은 나이가 50~60살이 넘어 서게 되면 인체에 있는 자기력(磁氣力)이 떨어지면서 높은 곳에 올라가게 되면 고소 공포증을 느끼게 된다.

반면 젊은 세대들은 몸에 지닌 氣가 왕성함으로 인해서 높은 곳을 좋아하고 오히려 시원하게 여기기 때문이다.

그런데 3층을 넘어가게 되면 지기가 올라가지 못하는 것이 아니냐고 할지 모른다. 그러나 지기(地氣)란 지구의 대기권까지 올라가기 때문에 아파트가 수십 층이 된다고 해도 지기는 받게 되어 있다.

아파트에서 중앙 층이 제일 좋은 로얄층이라고 알려져 있는데 이것은 매우 적합한 표현이다. 요즈음 아파트는 20층이 보통이라면 1층, 2층, 3층 같은 데에는 氣가 위에서 눌려서 좋지 않을 것이고 고층은 너무나 허해서 좋지 않을 것이다. 그래서 가장 좋은 층은 중앙 층으로 아파트는 중앙을 로얄층으로 본다.

아파트 생활의 취약점

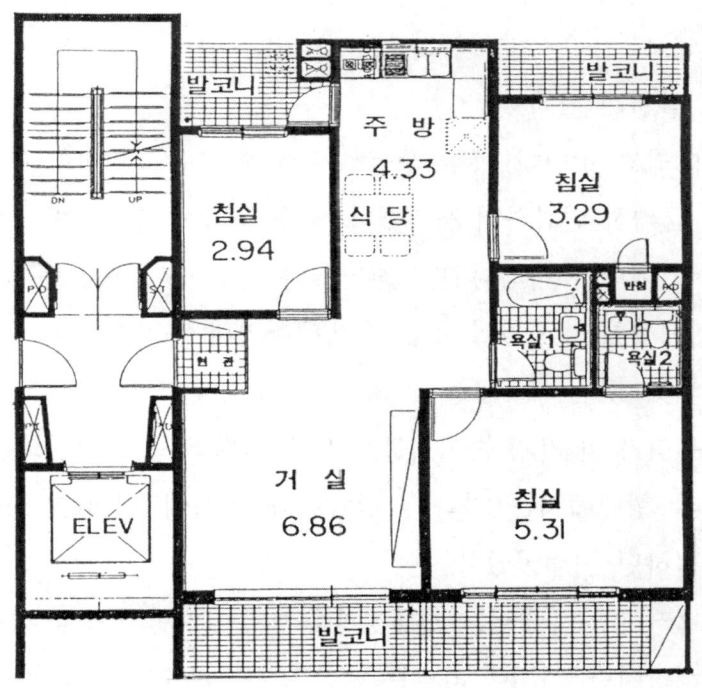

시대의 변화와 삶 속에서 주택의 구조는 수시로 바뀌어
왔다. 오랜 역사 속에서 인류는 가정을 이루면서 살아왔고
그 당시에 생활상은 주택구조에서부터 여실히 드러나고
있는 것이다.

역사학자들이 과거 주택구조나 미술품을 연구하여 그 당시 상황을 짐작케 하는 이유도 바로 여기에 있다.

50년대 이후 60년대까지만 하더라도 농경사회에서 평범한 가옥의 형태는 초가삼간에서 시작하여 한일자(一)집, 기역자(ㄱ)집, 디귿자(ㄷ)집에다 입구자(口)집 이런 식으로 발전해 왔다.

그리고 70년대 이후 산업화가 시작되면서 주택의 구조는 급격히 변화하기 시작했다. 서구 문명이 밀려오면서 양옥의 형태가 나타나면서 화장실과 욕실이 실내로 들어오기 시작했고 생활이 조금 윤택해지면서 응접실에 마루가 생겨났다.

우리가 한 가지 눈여겨볼 것은 50년대 60년대 이전의 가옥의 형태에서는 가옥의 빈약함과 동시에 의식(衣食)을 걱정하던 시절이었다.

그러나 양옥에서는 경제성장을 이루어가면서 생활이 윤택해졌지만, 거기에 따르는 폐단 또한 너무나 많았다는 것이다.

양옥의 형태가 외부에서 보면 모가 많이 나고 충(沖)하는 곳이 많다는 것이다. 먹고 입고하는 문제는 나아졌다 하더라도 사회적으로 매우 시끄럽고 충돌하는 경우가 많았다.

가옥구조가 실내로 모두 들어오다 보니 우리 인체도 살이 찌고 비대하여 성인병이 유발하고 80년대 이후 아파트가 급속도로 지어지기 시작하면서 우리는 실내 공간으로 다 들어갈 수 있게 되었다.

그래서 편안함을 느끼다 보니 부자가 된 것 같이 생각이 되고 먹고 쓰고 몸에 치장하는데 잔뜩 신경을 쓰게 되었다.

전 세계로 돌아다니며 보신관광이다 하면서 추태를 부리기도 하였다. 그러다보니 결국 IMF 외환위기 같은 고통을 받기도 하였다.

우리는 실내에서만 생활하다 보니 외부와 단절이 심하고 이웃 사람과는 삭막한 관계가 되었다.

토산(土山)의 형상

  풍수지리에서는 주변의 형세나 국세를 보고 패철에 좌향(坐向)에 따라서 길흉화복을 논하게 된다.

  근래에 풍수지리가 붐을 일으키면서 많은 사람들이 이 연구를 하게 되었다. 그러나 형기론에서는 애초부터 실습을 위주로 현장을 다니다 보면 자연히 산을 보는 감각이 뛰어나게 된다.

위 사진은 토산(土山)으로 위쪽이 평평하여 마치 기와지붕처럼 생긴 것을 일자문성(一字文星)이라 하게 된다. 일자문성은 토산이라고도 하며 부와 명예를 가져온다.

가령 위 사진처럼 생긴 산이 집 앞에 정면으로 보이거니 묘지의 정면에 보이면 매우 길(吉)하다.

명당을 쓰고 바로 앞에 저렇게 생긴 산이 보인다면 최소한 장관급의 벼슬자가 나온다는 것이다. 주택도 역시 마찬가지이다. 집터가 좋고 바로 앞의 산에 저러한 산이 보이게 되면 장관이나 도지사 같은 벼슬자리가 나온다.

자문(子門)에 오기두(午起頭)는 공처가집

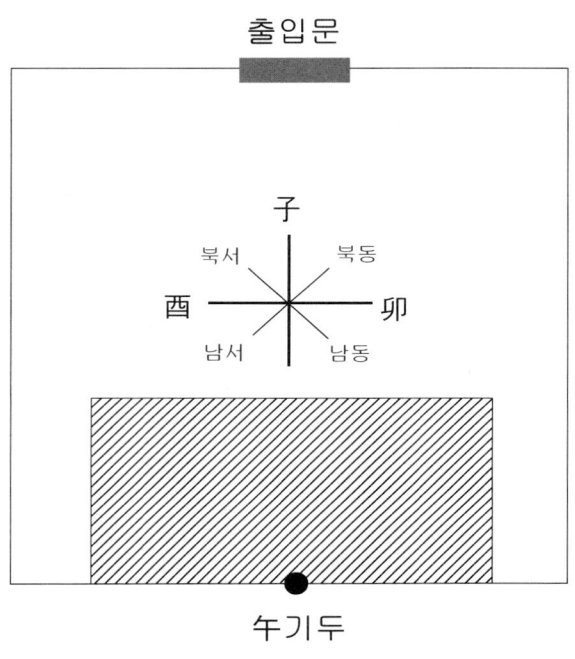

[子門 午기두]

　위 그림과 같이 오기두(午起頭)에 자문(子問)이면 공처
가의 집이다. 이러한 집에서 오래 살게 되면 처가 가세의
주도권을 쥐게 되고 남자는 부인에 시중을 들게 되는 경

우이다. 남자가 주도권을 쥐려고 큰 소리를 치게 되면 가정이 편치 못하게 된다.

출입문이 子門이면 북쪽이다. 북쪽은 수국(水局)으로 출입문으로 들어오는 기운이 수기(水氣)가 계속 들어오게 된다. 음양에서 수(水)는 여자로 보게 된다.

그런데 집의 주(主)가 남쪽에 누기두이다. 남쪽은 화국(火局)으로 음양에서 화(火)는 남자이다. 이것은 수(水)가 화(火)를 극하고 있는 현상으로 공처가의 가상이다.

손기두(巽起頭) 집 딸이 많다

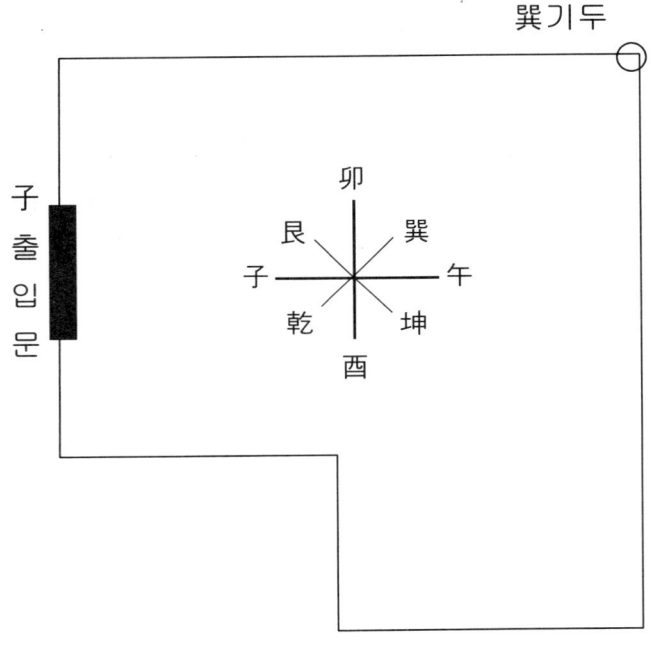

[손기두(巽起頭)]

위 그림처럼 집의 기두가 손기두(巽起頭)라면 그 집에는
필시 딸이 많게 된다. 그리고 딸들이 출세를 하고 딸이 득
세하는 집안이다.

집의 氣가 장녀목(長女木)인 손기두에 쏠려 있으니 이것은 두 말할 나위 없이 딸에 해당이 된다. 가령 딸이 없는 집이라면 손기두 집으로 이사를 가면 딸을 두게 된다.

아예 딸만 많이 두고 있는 딸 부잣집이라면 손기두 집으로 이사를 가게 되면 딸들이 출세를 하게 된다.

가령 아들과 딸이 있는 평범한 집이라도 딸이 손기두(巽起頭) 방에 거처하는 것이 좋다. 그렇게 되면 딸이 출세를 하게 되고 좋은 혼처가 생긴다.

이것은 주역의 8괘에서 8방위마다 정해진 괘상에 의해서 정해지는 것으로 양택 풍수를 공부하기 위해서는 필히 팔괘를 외워 두어야 한다.

신혼부부는 자기두(子起頭) 집이 좋다

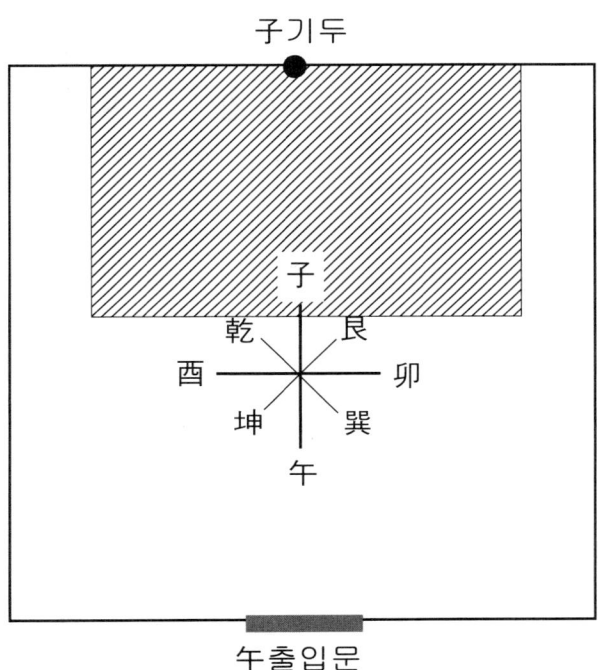

子기두

子
乾　　艮
酉━━━卯
坤　　巽
午

午출입문

[자기두(子起頭)]

풍수지리 양택에서 자좌오향(子坐午向)의 집을 제일로
본다. 가정집뿐만 아니라 임금이 살던 대궐도 자좌오향의
집이고 지금의 경복궁도 이렇게 자좌오향(子坐午向)이다.

중요한 것은 집이 자좌라고 해서 기두가 모두 자기두가 되는 것은 아니다. 집이 자좌로 지어졌다 하더라도 집의 구조에 따라서 기두가 달라진다.

과거 왕실에서는 굳이 자좌오향을 주장하게 된 이유는 무엇일까? 그것은 옛날부터 임금은 군자로서 나라에 왕이므로 북쪽에서 남쪽으로 앉아서 내려다보고 백성을 호령해야 위상이 살아난다고 하였다.

오직 하나에 상징적인 일이지만 자좌오향을 원칙으로 하고 있다. 그러나 자좌오향이 아니더라도 얼마든지 기두는 자기두가 될 수 있다.

그리고 중요한 것은 자좌(子坐) 집에는 출입문이 오문이 되어야 음양의 이치가 맞아서 귀격(貴格)이 되는 것이다.

권총형의 집 충(沖) 받는다

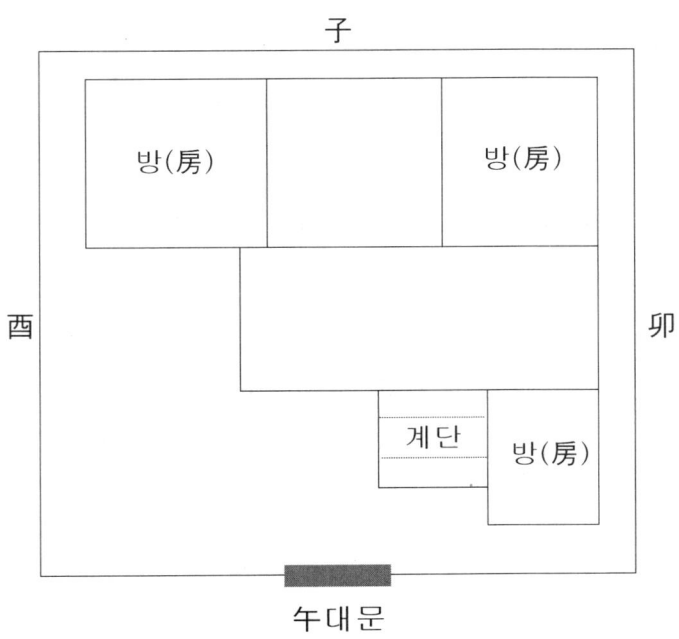

[권총형의 가상]

시대의 변화에 따라 가옥의 유행도 수시로 바뀌고 있다. 조선조 이후 60년대 이전까지만 해도 우리나라의 가옥 형태는 초가삼간부터 한일자 집의 형태가 대부분이었다.

60년대 이후부터 산업화가 시작되면서 우리나라에는 서구문화가 들어오기 시작하면서 가옥의 형태가 많이 바뀐다.

오랜 세월 동안 농경문화 속에서 대가족제도를 유지해오던 것이 서서히 벗어나기 시작했다. 그리고 과거의 가옥 형태는 자취를 감추기 시작했다.

70년대 중반부터 위 그림과 같은 권총형의 구조가 유행했었다. 산업화 이후 가정마다 부(富)가 조금씩 쌓이기 시작하면서 실내 응접실이 생겨나고 하다보니 내부의 알맹이가 조금씩 커져 갔다.

그런데 권총형은 이기론이나 형기론 어디에서도 찾아볼 수 없는 구조의 형태다.

양택 풍수지리에서는 인간이 살아갈 수 있는 형태는 가장 편안하고 보기 좋고 유하고 부드러워야 한다는 것이다. 그런데 ㄱ자 형태에다 권총형의 집의 모양새는 좋지 않다.

산업화 이후에는 국민들의 식생활에 많은 풍요를 가져왔고 굶주리고 허기진 배를 채우기 위해서 뛰어야 했던 시대는 막을 내렸지만 정치적으로는 많은 혼란을 거듭하기 시작했다.

지식층이나 학생들은 민주화를 외쳤고 가는 곳마다 부딪치는 일이 많은 시대였다.

가옥의 형태가 권총형이다 보니 집의 구석구석마다 충(沖)하는 곳이 많다. 형상론이나 형기론에서도 가장 꺼리는 것이 충하는 것이다.

주역에서도 사람의 사주팔자를 풀이할 때 충하는 것을 보고 사주의 길흉화복을 논한다는 사실이고 보면 풍수지리나 주역사상은 우리 인간사에 많은 것을 가르쳐 주고 있다는 사실을 알 수 있다.

금(金)에 해당하는 화분

　고층 아파트에서 살면 토기(土氣)가 부족하여 화분을 가져다 놓으면 좋다. 그렇다고 아무것이나 놓는 경우가 많은데 한 가지 주의할 점이 있다.

　실내에서 나무가 키가 너무 크게 되면 아무래도 장소를

많이 차지하게 되고 공기에 순환을 방해 받아서 문제가 된다. 그리고 나무의 잎이 길쭉길쭉 하다든지 뾰족한 것은 좋지가 않다.

가장 좋은 것은 역시 나무의 잎이 둥글게 생긴 화분일수록 공기의 저항을 방해받지 않게 되어서 좋다.

실내에서는 탁한 공기를 잘 순환시켜 줌으로써 공기를 맑게 할 수 있는데, 나무의 잎에서 나오는 산소가 골고루 잘 돌게 되면 공기의 순환이 이루어지게 된다.

위 화분은 음양오행에서 金에 해당이 된다. 金이라면 사주에서나 풍수지리에서 명예와 부(富)를 뜻한다.

집안에 金에 기운이 부족하다면 마땅히 金에 해당되는 화분으로 조경을 하는 것이 최상이다.

그리고 화분의 흙 속에는 진디물이 생길 수가 있으므로 이를 방지하기 위해 황토를 흙 위에다 덮어 주는 것이 좋다.

가장 좋은 화분

　고층 아파트라든지, 아니면 단독주택에서도 실내에 적당한 화초를 기르는 것이 좋다. 그런데 한 가지 좋은 방법을 알려주고자 한다. 가령 화분에 있는 흙은 아무래도 퇴비를 주고 시꺼멓게 썩어 있는 흙이기 때문에 간혹 벌레가 생기는 경우가 있고 흙에서 氣를 얻고자 하는 것이 목적인데 氣를 오히려 빼앗아 가는 경우가 있다. 그렇다고 황토 흙으로 모두 바꿔 버리게 되면 화초가 잘 자라지 않고 말라서 죽게 된다.

그래서 위쪽에 흙을 약간 걷어내고 황토를 깔게 되면 기생충 예방도 되고 황토에서 나오는 생기를 얻을 수가 있다.

그리고 이왕이면 명당지에 있는 흙이라면 최상급이다. 명당이란 氣가 많은 곳이므로 명당지에 흙을 가져와서 화분 위에다 깔아 주게 되면 최상이다.

붉은 색의 열매나 나뭇잎은 오행에서는 火로 보게 된다. 집의 실내에 火氣가 부족하다면 마땅히 이러한 화분이 적당하다. 실내인테리어 조경을 할 때 이러한 내용을 참작하는 것이다.

양택(陽宅) - 집터가 너무 넓다

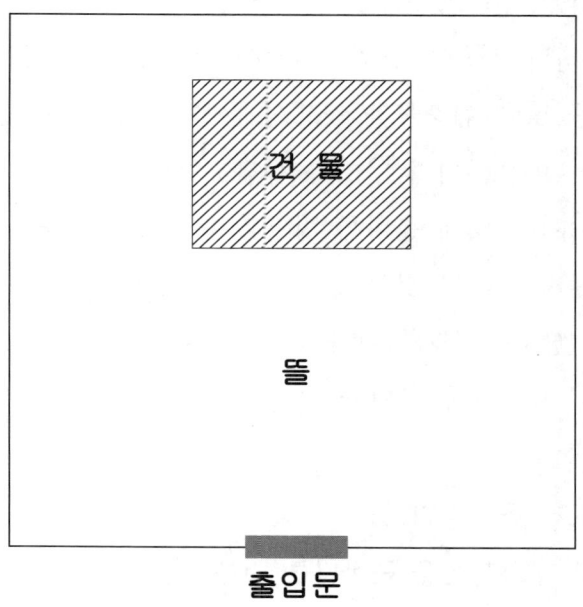

단독주택은 아파트와는 달리 대지와 가상의 규모가 적당해야만 좋은 가상이 되는 것이다. 대체로 풍수지리 사상은 동양의 중국과 일본 그리고 우리나라에서 오래 전부터 생활문화로 발전되어 왔다.

일본에서는 양택 풍수가 매우 발전한 반면, 우리나라에서 양택 풍수보다는 음택 풍수에 매우 치중한 편이었다. 그러나 요즈음에는 양택 풍수가 전 세계적으로 많은 관심과 인기를 끌고 있다. 양택 풍수는 연구해야 할 과제가 무궁무진하다. 사회가 산업화되면서 각종 공장, 아파트, 단독주택 등 많은 건축물을 짓고서 돈을 벌고 잘되기를 바라는 것은 마음뿐이지 자기가 몸담고 살고 있는 주거를 자연의 이치에 맞게 올바른 방향과 문을 보고 하는 사람이 그리 많지 않다는 것이다. 사람도 체격에 맞추어 옷을 입듯이 가상도 마찬가지이다. 가상에 알맞게 뜰 마당도 비슷해야지, 지나치게 넓기만 하다면 이것은 허한 집이 되고 만다.

즉 氣가 응거되지 못하고 흩어져 버린다는 뜻이다. 가상을 보고 화복론을 논한다는 것은 바로 이러한 상식적인 데에서 크게 벗어나지 않는다.

가옥의 건축물에 비해 1.5배의 비율로 뜰 마당이 넓어야 가장 적당한 것이다. 간혹 농촌 마을 같은 곳에서는 집 주변에 담도 치지 않고 온 천지가 자기 집 뜰이다.

이렇게 되면 재산이 뿔뿔이 흩어지고 마는 격이니 되도록 가옥의 주변에는 아담하게 담을 쌓아 안락한 훈기가 돌게 하는 것이 氣도 모이고 재산도 모이게 하는 방법이다.

氣란 자연 속에서 발산되지만 우리 인체에서도 발산되고 있으니 사람이 기거하는 곳에는 氣가 있기 마련이다.

따라서 이 氣를 잘 관리하는 것 또한 풍수지리에서 매우 중요한 것이다.

앞뒤에 뜰이 있는 집

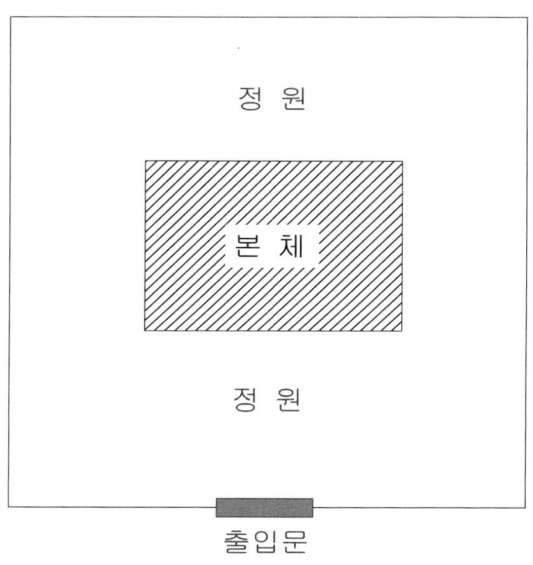

정 원

본 체

정 원

출입문

[앞뒤에 뜰이 있는 집]

택리지를 저술한 실학자 청담 이중환 선생이 말하기를 좋은 집터는 산수가 좋아야 하고 또한 인심이 좋아야 하며 이에 반해 대지와 주변 환경이 조화를 잘 이루어짐으로써 좋은 가상이 된다고 했다.

환경이 좋은 곳은 일광과 바람, 공기, 물이 조화를 잘 이

룸으로써 땅에 기운을 받게 되어 인체에도 좋은 영향을 끼친다. 주거와 환경은 경관뿐만 아니라 생업과 직업 등 근래에는 교통까지도 많은 영향을 받는다. 양택은 특히 지기(地氣)의 영향을 받게 되어 삶 자체도 그 영향권에서 벗어나지 못한다.

위 그림과 같이 건축물의 앞뒤가 뜰이라면 과연 어떻게 될까? 실제로 집의 앞 뜰보다 뒤뜰이 더 넓은 경우에는 본처와 헤어지고 후처가 들어와서 사는 경우가 있는가 하면, 남편이 집에 잘 들어가지 않는 경우도 있었다. 뒤뜰이 넓은 경우에는 별로 좋지 않은 것이 분명한 것이다.

과거 조선조 시절에도 집이 꽤나 넓고 뒤뜰이 있을 정도면 양반의 집안이라 재물도 있어서 그런지는 몰라도 대부분 후처를 두고 살았다. 가상은 양(陽)으로 보고 뜰 마당은 음(陰)으로 보는 것이 주역의 이론이다. 그렇게 되고 보면 양은 주 건물 가상에 한복판에 있는가 하면 앞뜰이나 뒤뜰이나 비슷비슷하다 보니 앞뒤에 음을 거느리고 있는 형상이다. 풍수지리를 연구하면서 각 처를 돌아다니다 보면 이렇게 풍수지리 이치가 하나도 틀리는 것이 없다. 적당한 대지에다 집을 지을 때면 앞쪽에는 적당한 면적의 뜰 마당을 두고 뒤 쪽에다 주 건물을 앉히는 것이 좋다. 우선 풍수지리를 떠나서 외관상으로도 보기 좋을 것이다.

만석지의 터

충남 공주시 의당면 두만리이다. 두만리라는 마을은 아늑하고 집터가 좋겠다 하여 여러 번 들렸던 곳이다. 유심히 살펴보니 마을의 뒷산이 부봉(富峰)이요 좌청룡, 우백호가 잘 감싸주어 너무나 아담한 마을이다.

20여 호가 채 못되는 마을르서 과거 농촌의 작은 마을의 형태이다. 그런데 한 가지 중요한 것은 현재에 이러한 마을들은 대부분 폐허가 되어 가고 있는 것이다. 근래에 와서는 젊은층이 농촌을 떠나고 도시로 도시로 몰려옴에 따라서 시골 마을은 폐허가 되기 일쑤이다. 그런데 이렇게 터가 좋은 곳에는 세월이 지나도 마을이 유지가 되고 있다. 두만리는 과거에 만석군이 살았는데 과거에 이 마을에는 만석지가 나오고 다른 집들도 창고에 쌀이 가득가득 찼다는 것이다. 과거에 농경사회에서 만석은커녕 천석만 해도 큰 부자로 널리 알려지고, 천석을 하려면 넓은 들판을 끼고 있어야 가능한 이야기이다.

그런데 이 곳은 고작 20여 호밖에 되지 않고 좁은 골짜기로 앞뜰에 논이 그렇게 많지가 않다. 양택 삼요결에 전저후고(前低後高)라는 말이 있는데 이것은 앞이 낮고 집터가 약간 높아야 하고 마을의 뒤쪽이 약간 높은 것이 좋다는 말이다.

이 마을을 유심히 살펴보게 되면 전저후고에 조건이 매우 잘 갖추어져 있다. 그리고 터가 양명하고 우선 보기에도 氣가 넘쳐흐른다는 것을 알 수가 있다. 가령 이 마을의 세대수는 지금도 과거와 같이 하나도 줄지도 않고 그렇다고 크게 불어나지도 않고 수백 년을 유지하고 있다.

주택지로서 명당

　우리나라에는 풍수지리의 시조격인 도선국사로부터 이어져 내려온 학맥으로 좋은 땅에 길지를 잡아서 사찰과 기타 유적지를 지은 경우가 많다.

　멀리는 신라시대에도 풍수지리를 사용한 흔적이 있다고

본다면 1300여년 이상의 세월이 지나고 있다.

그러나 아직까지도 풍수지리의 학문 자체는 과거와 크게 발전된 모습이 보이지 않고 있다.

오히려 근래에 와서 현대 서구문명에 밀려나서 하나의 미신이나 전설처럼 여겨지는 경우도 허다하다.

하지만 조선시대만 하더라도 풍수지리에 도안한 철인 달사들이 많이 있었다는 사실을 보면 풍수지리의 학문이 매우 오래 전부터 있었다는 이야기다.

과거 임진왜란 때 일본군은 우리나라를 침략할 당시 풍수지리를 이용했다는 것이 많은 기록에서 알 수 있다.

심지어 일제 36년 동안 일본인 풍수학자들이 우리나라의 산이 좋고 지세가 좋은 관계로 서울에서도 제일 좋은 집터를 찾았는데 그 곳이 성북구 보문동과 돈암동 일대이다.

근래에 와서 필자가 서울에서 주택지를 조사한 바로는 과거 일본인들이 보문동과 돈암동 일대를 명당 터로 잡은 이유를 알 수 있다.

그 이유는 서울의 지세는 도봉산을 거쳐 북한산의 정기를 이어서 북악산에까지 맥을 이어오면서 많은 기복변화를 일으킴으로써 대 국세를 만들었다. 이것이 현재의 서울이다.

그래서 산맥의 형성을 관찰해 보면 지금의 동소문동 한 진 한신 아파트가 들어서 있는 곳이 천하의 명당자리임이 입증되고 있다.

전국의 높은 산을 다 다녀보아도 도봉산이나 북한산처럼 아기자기하고 높으면서도 유하고 많은 사람을 수용할 수 있는 산은 없다는 것이다.

천하의 명산으로 바윗돌들이 서기하고 있으며 산맥은 가지를 뻗으며 끌고 내려와서 북악산을 주산으로 하고 좌 청룡과 우백호를 크게 휘어 감고 크게 뭉쳐진 몸체로서 마치 어머니가 아기를 끌어안고 젖을 먹이는 형국이다.

이는 주택 삼요결의 격이 모두 맞아떨어지는 형상이다. 오랜 세월동안 많은 사람들이 이 곳에 살면서 점차 큰 아 파트 단지를 형성하였고 명당지로서 맑은 공기와 좋은 물 을 섭취하고 살아 갈 수가 있다.

어느 것 하나 흠 잡을 데 없는 명당길지로 과거에도 여 러 풍수사들이 점지하였다.

무엇보다도 주택지리서의 전저후고(前低後高), 배산임 수(背山臨水), 전착후관(前窄後寬)의 3大 요소에 어긋남이 없다.

질병(疾病)이 많은 집터

　　최근 생활이 윤택해지면서 예전과는 달리 집들도 반듯
한 구조로 짓고 내부도 잘 꾸며 놓고 정원에는 갖가지 정
원수를 심는다. 그런데 정원수는 정원에 어울리는 것이 있
는가 하면 터무니없이 어울리지 않는 것도 있다.

또 어떤 정원은 흙을 너무 많이 가져다 부어서 턱 없이 높은 경우가 있다. 이는 제대로 알지 못하고 어설프게 잘 꾸미려다 오히려 정원을 망치게 된 경우이다.

풍수지리에서는 아무리 웅장하게 잘 꾸미더라도 육하원칙에 의한 질서에서 벗어나면 좋지 않다고 본다. 양택 삼요결에서 말하는 배산임수란 반드시 집의 뒤쪽이 높아야 하고 앞이 낮아야 되는 법인데 요즘의 도시공간에서는 쉽지 않다.

일부러 뒤쪽에 산이 오도록 아파트를 짓거나 혹은 언덕을 등질 수 없기 때문이다. 이는 어쩔 수 없다 하더라도 인위적으로 정원을 꾸민답시고 앞쪽을 돋아 주는 것은 바람직하지 않다. 이치적으로 생각해 보더라도 이상적인 집이 될 수 없다.

앞이 높으면 우선 답답할 뿐 아니라 집의 몸체가 푹 꺼지는 형국이 되어 공기가 잘 통하지 않고 습기가 차게 되며 배산임수의 이치에 어긋나게 되는 것이다.

이렇게 되면 가족들의 건강이 좋지 않게 되는 경우가 많고 주로 심장 질환이나 속병이 생기게 되는 것이다.

옛날 사람들은 풍수지리를 잘못 이해한 채 일부러 푹 꺼진 곳에 집을 지음으로써 자동적으로 좌청룡 우백호가 생기게 되었다며, 안락하다고 생각하는 경우도 있으나 이것은 매우 잘못된 발상이다.

정력이 강해지는 저택

  양택 3요결에서 말하는 좋은 길지의 정배합이란 첫째는
집터가 좋아야 할 것이고 건물과 정원과 대문을 제자리에
내어 주어야 할 것이다.

  과거 행세깨나 하던 사대부가들은 소실을 서너 명씩이

나 두고도 모자라서 기생집으로 전전하기도 했다.

이런 일들은 한결같이 정력으로만 관계될 수는 없겠지만, 어느 정도의 기력이 있었기에 가능한 일이다. 그렇다면 정력이 왕성해지는 저택이 따로 있을까?

근래 사람들은 심심찮게 정력타령을 하고 있는데 반해, 근본적인 원인을 찾지 못하고 신통한 약이나 정력제만 들먹이고 있는 실정이다.

물론 정력이란 타고난 유전인자와도 관계가 있겠지만 태어난 장소에 얼마나 많은 氣가 있는 땅에서 태어났느냐에 따라서도 많은 관계가 있다.

氣가 많은 땅에서 태어나 어린시절부터 많은 氣를 받고 자랐다면 체질적으로 건강할 것은 뻔한 일이다. 그런데 요즘 세상은 현대 문명이 발전하면서 컴퓨터 앞에서 종일 앉아 있으므로 활동량이 절대적으로 부족하다.

양택은 우리 인간생활에 있어서 중요한 보금자리요 휴식처이자 안식처이다.

가장 중요한 보금자리를 설계함에 있어 소홀히 한다면 정력을 떠나서 건강을 꾸준히 지켜나가겠는가 하는 것이 필자의 생각이다.

모든 만물은 우주의 순행의 이치에 알맞게 순응하고 적응하면서 살아감으로써 부귀영화를 누릴 것이다.

과거 사대부가들이 과시했던 정력가들의 저택을 연구해 보면 나름대로의 구조와 가상을 만들어 놓고 살았다.

사대부들의 가상은 가상학에서 말하는 구조가 모두 갖추어 있다는 것이다. 양택에서 말하는 가장 길한 가상은 4(대지) : 3(건물)의 비율로 건축물이 지어져야 하고 집의 터는 전체적으로 두부모양처럼 약간 직사각형이어야 한다는 점이다.

4 : 3의 대지 위에 건축물을 세운다면 나머지 공간은 자동적으로 뜰이 되는 셈인데 이 남은 공터는 사각형으로서 공기의 순환관계가 원활할 뿐더러 氣를 함축할 수 있다는 것이 이론이다.

그러므로 이러한 집에서 사는 사람은 천지간(天地間)에 氣를 받아 인체를 잘 보존할 수 있다.

정원은 한결같이 사각이 지고 반듯해야 하고 외부 둘레도 건축물을 지어도 남은 공간은 항상 사각형이어야 한다는 것이다. 건축물에서도 대청마루가 넓고 높이 있으면 시원하게 통풍이 잘된다.

이와 같은 집의 구조가 사대부가들의 체력을 보존하는데 기여한 것이 사실이다.

'ㄷ' 자형(字形) 집 송사(訟事) 잦다

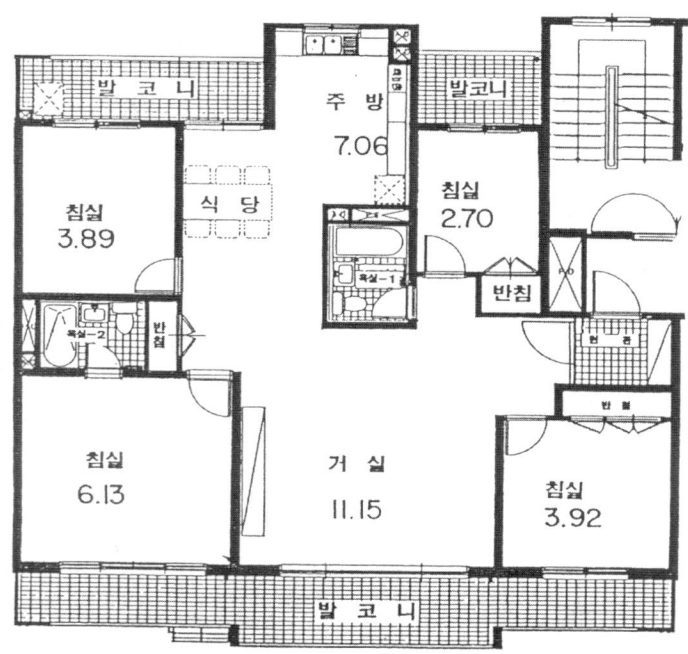

옛날부터 우리나라에는 'ㄷ' 字 형태로 된 집들이 많이 유행되어 왔다. 아마도 삶의 변화에 따라 식구가 대가족제도로 늘어나면서 방이 많이 필요했을지도 모른다. 근래에 와서도 도시에는 'ㄷ'字 집들이 많다. 안방과 작은 방은 주인이 거주하고 아래채의 방은 주로 세를 놓고 셋돈을 받아서 생활비에 보탬이 되거나 하는 경우이다.

하지만 지금까지 통계적으로 보더라도 'ㄷ'字로 된 집이 무난하게 잘 풀려나가는 집이 거의 없다는 것이다.

풍수지리적으로 본다면 'ㄷ' 자 집이면 쌍기두(双起頭) 집이라 해서 좋지 않게 보는 것이다. 집의 기두라면 그 집의 버팀목이다. 집을 버티고 서 있는 가장 중요한 기두점은 1군데 있어야 할 텐데 2군데가 있고 보니 이것을 쌍기두 집이라 부른다.

가정집에도 가장이 한 사람이 필요할 텐데 두 사람이 있다면 자연히 의견 충돌이 있게 마련이다.

쉽게 말해서 주인이 두 사람이나 다를 바가 없다. 집의 기두란 인체로 말하자면 척추에 해당한다. 사람도 척추의 힘으로 인체를 지탱하듯이 집도 마찬가지로 기두에 의해서 집의 몸체를 지탱하는 것이다.

그러나 근래에 와서는 꼭 ㄷ字가 아니더라도 아파트가 많이 생겨나면서 대부분의 가정이 아파트의 실내로 거처를 옮기게 되었다. 아파트도 실내 구조가 ㄷ字로 생긴 경우와 또는 기두와 출입문이 배합(配合)이 맞지 않는 경우에 단독주택의 ㄷ字와 다를 것이 없다.

그래서 집의 출입문과 기두가 음양의 조화가 맞지 않을

경우에는 주로 관재구설수와 송사(訟事)가 잦게 된다. 과거에 단독주택의 개념을 버리고 현대와 와서는 아파트의 실내 구조를 풍수적으로 보아야 한다.

집의 앞뒤로 배가 나오면 고혈압 당뇨병

　시대의 변화에 따라서 집의 형태나 양식은 급속도로 변해가고 있다. 그 이유 중에 하나는 1970년대 이후 산업화의 영향에서 비롯되었다. 풍수지리가 1300년을 이어 오는 과정에서 아마 이렇게 급속도로 다양하게 변해가는 시대는 아마도 없었을 것이다.

그런데 풍수지리 학문이란 과거에 사용하던 고서에 의해서 어려운 한문으로 기록이 되어 있다보니 발전이 더딘 것이 사실이다.

그렇다고 본다면 풍수지리 학문을 알기 쉽고 읽고 이해하기 쉽게 학문도 변화해 나아가야 할 것이다.

또한 어떤 미신적이나 통계학 정도로 매도되지 말아야 할 것이다.

위와 같이 집이 앞뒤로 배가 나와 있다면 그 가상에서 살고 있는 사람은 어떠할까? 이런 형태의 집은 ㄱ자 형태의 집의 유행이 지나면서 보이기 시작했다.

한마디로 말해서 이렇게 앞뒤로 배가 불룩 튀어 나온 가상은 너무나 과식해서 소화불량 형태인 것이다.

우리나라는 경제성장을 하고 국민소득이 올라가면서 성인병 고혈압 혹은 당뇨병이 유행처럼 번져 나갔다.

이와 같이 집의 형태나 집터는 그 집에서 머무르는 사람의 건강과도 매우 밀접한 관련이 있다. 공간을 좀더 과학적으로 활용하고 풍수적인 설계가 필요하다.

주택명당

제4장

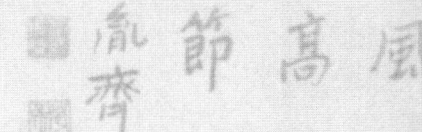

문필봉(文筆峰)

[문필봉(文筆峰)]

위 그림을 자세히 보면 산의 정상이 마치 사람의 손으로 다듬어 놓은 것 같이 매끈하다. 자연이란 스스로 만들어지고 우리 인간은 그 속에서 영향을 받으며 살아가고 있다.

과연 이러한 산이 앞에서 보이게 되면 어떠한 영향을 미칠까?

문필봉으로 생긴 산이 앞에 보이게 되면 참으로 좋다. 가령 마을에서 이렇게 정면으로 보이게 되면 이 마을에서는 훌륭한 학자가 많이 배출이 된다.

그것도 대대로 수백 년 동안 끊이지 않고 학자가 배출됐다면 믿을는지 모르겠다. 그런데 마을의 터가 아무리 氣가 많고 좋다 하더라도 가상이 출입문과 집의 주(主)가 똑바로 음양의 조화가 맞았을 때 가능한 일이다.

이것은 여러 곳을 다니면서 조사를 해본 결과에 의한 것으로 틀림없는 사실이다.

그래서 풍수지리의 학문에는 오묘한 이치가 담겨져 있는 것이다. 이것은 음택뿐만 아니라 양택에서도 마찬가지이다. 음택에서도 화복론을 논할 때 명당 앞에 문필봉이 보이게 되면 학자들이 많이 배출된다.

화형산(火形山)

[화형산(火形山)]

위 사진에서 마을에서 보이는 산들이 마치 불꽃이 타오
르는 것처럼 보인다면 과연 어떠할까? 과거 조선왕조 초
기에 왕사로 있던 무학대사는 현재의 서울(과거에 한양)

인 도읍지를 잡아놓고 국세가 이처럼 화형산이 많이 비친다 하여 화재가 자주 일어날 것임을 암시하였다. 그래서 서울의 사대문(四大門) 진입로에다 해태상을 세워 큰 화재를 미리 방지하였다.

해태상은 물을 상징하는 동물로 상징적인 방편으로 화재를 예방하였던 것이다.

서울이 점차 번창해지면서 인구가 늘고 건물이 많이 들어섰다. 요즈음에도 서울에는 타 지역보다 크고 작은 화재가 빈번한 것이 사실이다.

마을에서 화형산이 비춰지는 곳에 강물이 있게 되면 화재가 일어나지 않는다.

풍수지리는 음양오행에서 비롯된 학문인 만큼 음양오행의 원리를 잘 터득하여 응용하면 화복을 논할 때 빗나가지 않게 된다. 그래서 과거부터 풍수지리를 연구하는 학자들은 음양오행을 통달하고자 노력을 하였다.

문필봉(文筆峰)의 감시

[문필봉(文筆峰)의 감시]

위 사진은 마을의 정면에서 찍은 사진인데 마을의 뒤쪽
을 보면 수려한 문필봉이 감시하듯 내려다보고 있다. 반면
에 마을을 감싸고 있는 바로 뒤쪽의 주산(主山)이 낮음으

로서 뒷산이 산 너머로 마을을 넘어다보고 있다.

이렇게 마을이 형성되면 풍수학적으로 매우 좋지 않게 본다. 원래 마을이나 묘지도 뒷산이 있고 그 뒷산이 태조산이나 중조산이 넘어다 보이게 되면 그 마을에는 도둑이 잘 들게 되고 관가(官家)에서 감시를 받게 되어서 좋지 않게 보는 것이다.

이러한 마을에서는 도적이나 범상치 않은 인물이 태어나는 경우가 생기게 되는 것으로 본다.

과거부터 풍수지리에서의 길흉화복이란 이러한 국세를 전반적으로 파악을 함으로써 화복을 논할 수가 있다.

더구나 마을이 패철로 보아 어느 방위로 쳐다보고 향(向)을 가지고 있느냐에 따라서 길흉화복이 천태만상으로 달라진다.

가령 마을이 북쪽에서 남쪽으로 향하고 있다면 10년, 20년을 주기로 도둑이나 수배자 같은 인물이 나타나게 됨으로써 마을 전체로 볼 때에는 명예롭지 못하게 된다.

귀석(貴石)

[귀석(貴石)]

위 사진에서처럼 주택지에서 보이는 산들이 많다. 산이
라 하더라도 특히 바윗돌이 많이 보이게 되는 것을 상당
히 꺼리고 있다.

바윗돌도 여러 가지의 형태가 있는데 귀석(貴石)으로 보이느냐 흉석(凶石)으로 보이느냐에 따라서 달라진다.

가령 흉석으로 보이게 되면 마을에 예기치 않은 흉사가 일어나게 되어 결국 폐허가 되고 마는 것이고 귀석(貴石)으로 보이게 되면 반대로 길사가 일어나게 된다.

산이 여러 가지의 형태로 보이기 때문에 그 보이는 형태에 따라서 천태만상으로 길흉을 논할 수 있다. 그래서 그 유형을 샅샅이 알기 위해서는 풍수지리에 대한 많은 경험과 연구가 뒤따른다.

다행히 위 사진에서 보이는 산 정상의 바윗돌은 흉석도 아니고 귀석도 아니다. 그래서 무해무덕(無害無德)하다고 본다.

가령 바위들이 귀(貴)하게 보이면 그 마을에서는 필시 반듯한 큰 인물이 나게 되고 흉석으로 보일 때에는 만인에게 지탄을 받는 인물이 끊이지 않는다.

그러나 마을에서 멀리 떨어진 곳에서 조금 보이게 되면 이것은 크게 염려할 것이 없다.

계곡풍(溪谷風)은 좋지 않다

[계곡풍(溪谷風)]

위 사진을 보게 되면 우선은 뒷산이 바가지를 엎어 놓은 것처럼 뭉쳐 있어서 대단히 좋게 보인다. 그러나 자세히 보면 앞쪽에 집을 지어 놓았는데 계곡에서 불어오는 계곡풍(溪谷風)을 직접적으로 맞게 되었다.

대부분 시골 마을에는 뒷산이 잘 생기고 뒷산에 명당이 있다면 아래쪽에는 마을이 있기 마련이다. 그러한 마을은 산이 유하고 굴곡이 없으므로 평형된 공기를 만날 수가 있다.

그러나 위 사진처럼 산의 골이 심하고 울퉁불퉁한 곳이 많게 되면 매우 좋지가 않다.

풍수지리를 섣불리 공부해서 앗차 실수를 하게 되면 이러한 곳에다 터를 잡게 된다. 막대한 자산을 털어서 집을 지어 보아도 실질적으로 얼마 가지 못한다.

그래서 산골마다 다녀보면 마을이나 집터나 절터 자리가 많이 보이게 되는데, 여기에는 필시 터가 좋지 못해서 오래가지 못하고 허물어진 곳을 흔히 볼 수가 있다.

수백 년에 걸쳐서 마을이 유지되는 곳에는 필시 터가 좋고 집을 지을 수 있는 조건이 갖추어져 있게 된다.

간혹 시골 마을을 지나다 보면 과거에 집터가 있던 곳이 흔적만 남아 있고 집은 온데간데없는 것은 집터가 좋지 못해서 자연적으로 집이 헐리게 된 경우이다.

살풍(殺風)

[살풍(殺風)]

　위 사진에서 보이는 산은 겉보기에는 산이 둥글게 잘 생긴 것 같다. 그러나 풍수지리적으로 잘 관찰해 보면 어디선가 살풍(殺風)이 불어오고 있다는 것을 알 수 있다.

산은 아늑하게 생겨서 아래쪽에 마을을 잘 보호하고 있는 주산처럼 보이나 실상은 그렇지 않다.

산의 동북쪽은 약간 높고 서북쪽이 낮은 관계로 살풍(殺風)을 맞고 있다.

우선 보기에도 산이 빨갛게 벗어지고 있는 것을 알 수가 있다. 그래서 수시로 마을 사람들이 나무를 심고 가꾸어 보지만 대자연의 순리는 막을 수가 없다.

과거부터 현재까지도 풍수지리가 들에게 알려진 마을이라 학문을 연구하는 사람이 자주 방문을 하는 곳이기도 하다.

필자가 보는 이 마을은 명당지가 아니며 이 마을에서 말마디 꾀나 하는 사람들은 모두 관(官)에 감시를 받게 될 것이고 집안은 장남이 잘되지 않으며 힘이 제일 세다는 사람은 원인 모르게 고통을 받는 마을이다.

그 곳에 마을 분이 과거 일제시대부터 이 고장이 관청의 감시를 받아온 것이 사실이라고 설명하였다.

이 마을에는 과거에 큰 부자가 한 집 있었는데 일제 식민지시대에는 일인(日人)들에게 늘 감시의 대상이었고 그 후 자유당시절에는 야당의 국회의원이었는데 늘 관청에서 감시와 박해를 받아 왔으며 마을은 늘 가시방석에 앉은 것처럼 불안해 하였으며 사복을 입은 경찰관이 밤낮으로 들락거렸다는 것이다.

그리고 그 마을의 장정들이 객지로 **빠져** 나가게 되었고 자연히 힘없고 권력 없는 서민들만 남게 되었다고 한다.

필자가 어떠한 신통력이 있는 것도 아닌데 생전에 처음 가 본 마을을 어떻게 그렇게 꼬집어 낼 수 있었겠는가! 아마도 의심을 하는 사람도 있을 것이다.

그러나 그것은 풍수지리를 공부하게 되면 자동적으로 음양오행(陰陽五行)의 이치를 배우고 익히게 됨으로써 너무나 간단하게 알 수가 있었던 것이다.

마을의 뒤쪽에는 주산이 대머리가 되었다면 어딘가 병이 있게 된다.

동북쪽이라고는 하지만 간인좌(艮寅坐)를 벗어나면 갑묘자(甲卯坐)로서 장남목(長男木)이 되는데, 서북쪽이 비어있으니 흉풍이 수시로 들어와서 식물이 제대로 살지를 못하는 것이 자연의 이치이다.

그 살풍의 영향은 자연히 마을을 내려와서 감돌게 되는데 그 마을의 형태를 눈으로 보아도 짐작이 갈 만하다. 이렇게 음양오행론을 잘 응용하게 되면 풍수지리가 너무나 잘 맞아 떨어진다는 것을 강조하고 싶다.

그래서 풍수지리나 역학을 공부하면 제일 기초적인 것이 오행을 소홀히 하지 말고 열심히 익히기를 부탁하는 것이다.

고 이 병철 회장 생가 터

[경남 의령 소재. 고 이 병철 회장 생가]

이 곳은 경남 의령군 정곡면 중교리 소재지에 있는 담
안 마을로 고 이 병철 회장의 생가가 있는 곳이다. 담안
마을은 산이 마치 담을 쌓아 둔 것처럼 둘러싸여 있다 하

여 붙여진 이름이다.

　정곡면의 담안 마을은 합천군과 의령군의 자굴산의 줄기로서, 자굴산은 높이 897m가 되는 큰 산으로 경남 일대에서 명산으로 소문이 나 있다.

　물이 맑고 깨끗하고 산세가 수려하다. 서울 근처에 있는 산과는 달리 산이 웅장하여 경사가 심하고 발씨가 사나우며 험준하고 기상이 당당한 명산으로 유명하다.

　자굴산의 정상에서 남쪽으로 50여리의 맥을 이어 내려간 곳이 바로 정곡면의 담안 마을이다. 마치 호박넝쿨이 뻗어 나가면서 끝부분에서 호박이 달리듯이 담안 마을도 그 끝 부분에 자리하고 있다.

　자굴산의 정상에서 좌측 동쪽으로는 궁유면이 있고 우측 서쪽으로는 칠곡면이 자리하고 있으며 그 아래쪽에 가례면이 있다.

　가례면 아래에 정곡면이 있는데 정곡면의 소재지가 바로 담안 마을이다. 이 담안 마을은 풍수지리에 문외안이라도 그 곳에 가게 되면 과연 명당임을 느낄 수 있다.

　우선 길지가 되려면 첫째는 주변에 산들이 포근히 감싸주어야 한다. 직풍(直風)을 막아주고 온화한 공기를 형성함으로써 좋은 산소를 만들어 내는 이치이다. 좋은 산소가 머무는 곳에는 좋은 인재가 배출이 되고 따라서 부와 명예를 가져오게 되는 이치이다.

고 이 병철 회장은 이러한 명당길지에서 태어나 국내 최대 재벌이 되었다.

재벌로서 뿐만 아니고 고 이 병철 회장에 대해서는 유명한 일화가 많다. 이 모든 것이 어릴 적에 자라나는 과정에서 얻어진 지혜였을 것이다.

풍수지리에서 자좌오향(子坐午向)의 주택을 가장 길하게 보는데, 이 집은 자좌오향으로 음양의 조화를 잘 갖추었고 집터는 뒷산이 힘차게 받쳐주고 좌청룡과 우백호가 날개를 달아서 마치 어머니가 아기를 끌어안은 듯하다. 이러한 길지는 누가 보아도 감탄하지 않을 수 없는 것이다.

고 이 병철 회장 생가 좌청룡(左靑龍)

위 사진은 주 건물을 둘러싸고 있는 뒷산 측 주산에서 좌청룡으로 뻗어나간 산의 형태이다. 산의 아래쪽에는 암벽이 둘러싸여 있는 것이 보인다. 암벽이란 부와 명예를 상징하고 집의 터는 부를 상징하게 된다. 터는 음이요 여자와 재물로 보고 건물은 양이요 남자에 해당한다.

좌우로 둘러 싼 청룡과 백호는 음양을 의미하는데 청용은 남자요 백호는 여자이다. 집 뒤의 산이 주 건물을 받쳐주고 좌청룡 우백호가 마치 어머니가 아기를 끌어안은 형태가 되었다.

좌청룡에 암석이 박힌 형태도 귀석(貴石)으로 보이기 때문에 부귀를 겸전하는 형태로서 대단히 귀한 명당이다. 사람이 이러한 명당 터에서 태어나 자라게 되면 부와 명예를 떨치게 되는 것이다.

암석이 박혔다 함은 지질이 단단하다는 증거가 되므로 氣가 외부로 빠져 나가지 못한다.

그러나 명당 터라고 해서 모든 것이 완벽한 것은 아니다. 어느 한쪽이라도 흠이 있기 마련이다. 이 집터에서 흠이라면 집의 터가 너무 낮은 것이 흠이다.

약 2~3미터만 더 높았으면 좋았을 것이라는 아쉬움이 든다. 터가 낮음으로서 약간 습한 기운이 스며 있다.

이렇게 되면 그 후손들의 건강에 문제가 있을 수가 있다는 것이다. 두 번째는 안산(案山)이 너무나 높다. 안산이 완벽하게 둘려져 폭 쌓여 있는 것보다는 안산이 완벽하면서도 낮게 보여야 좋다.

모든 사물은 앞에 보이는 형태에 따라서 앞날을 예측

할 수가 있게 되는데 어떠한 천하에 대 명당 길지라도 흠
이 있기 마련이고 완벽할 수는 없다.

안산이 높은 것은 인위적으로 할 수는 없지만 집의 터가
낮은 것은 약간 터를 돋아서 집을 지을 수도 있는 것이다.

솥바위(배꼽바위)

[경남 의령 소재. 솥바위]

　경상남도 의령을 가로지르는 남강에 솥바위가 있다. 바
위가 마치 솥뚜껑을 덮어 놓은 듯한 모양을 하고 있다하
여 붙여진 이름이다. 그런데 여기에는 여러 가지의 속설과

뜻이 담겨져 있다.

바위의 생김새가 위 부분이 솥두껑 같고 아래쪽은 마치 가마솥 같이 생긴데다가 물 속으로 들어가면 솥 다리처럼 생긴 것이 3개나 받치고 있다.

일명 솥바위라고 하고 솥 같이 생긴 바위가 물에 떠서 솟아오른다.

이 솥바위는 물이 아무리 불어나도 바위가 일정하게 보이고 물에 잠기지 않는다고 한다. 그래서 솟아오른다는 뜻이 담겨져 있는 것이다.

풍수지리의 물형론에서 일명 배꼽 바위라고도 하는데 강물을 사람의 배에 비교하고 바위가 있는 지점이 배꼽에 해당이 된다.

이 바위를 중심으로 반경 8km 이내에서 3대 재벌이 탄생 했다. 그것은 솥이 부(富)를 부른다는 것이고 배꼽도 풍수지리에서는 부(富)에 해당이 된다.

그래서 인지 몰라도 현재에 우리나라에서 거대 재벌이 탄생하게 되었다. 과거부터 이 바위가 부를 상징하여 의령에서 만석꾼이 탄생하였고 삼성그룹에 고 이 병철 회장의 출생지가 의령군 정곡면 중교리이고 효성그룹에 고 조홍제 회장도 함안군 군복면이 고향이고 LG그룹 고 구인회 회장이 진주시 지수면에서 태어났는데 반경 7km의 거리이다.

그래서 과거부터 솥의 다리가 3개이므로 삼공(三公)을 뜻하여 삼정승을 의미함으로서 주변에서 귀(貴)한 인물이 3명이 태어나는 것을 뜻한다.

과거에는 경남 일대에서 최대 재벌인 이 부자 댁이 의령에서 만석을 넘겼다고 한다.

정암 철교 주변에서는 정암이란 명칭이 다소 생소하지 않다. 정암교, 정암 부락, 정암루, 정암들, 정암제 등 정암이 들어간 이름이 많다.

경남 합천군과 의령군에 걸쳐 있는 자굴산은 명산으로 높이 897m나 되는데, 이 산에 서쪽으로는 칠곡면, 동쪽으로는 궁유면이고 남쪽으로는 가례면을 거쳐서 의령 읍에까지 도달하게 된다. 그리고 솥바위가 있는 지점까지 맥이 이어져 있다.

화초가 꽃을 피울 때에 가지 끝에서 피우고 모든 나무나 넝쿨이 뻗어나가는 수박이나 호박도 끝부분에서 열매를 맺듯이 자굴산 명산의 정기를 어어 받아 기운(氣運)이 생동하고 부를 누리는 것이 아니가 한다.

더구나 의령읍을 기점으로 함안군은 과거부터 들판이 기름지고 농작물이 풍성한 곳으로 유명하다. 근래에도 이곳 사람들은 섣달 그믐날이 되면 솥바위에 새끼줄을 치고 용왕제를 올린 뒤 마을의 편안함과 부를 누리고 있다.

고 이 병철 회장 생가의 조경

경남 의령군 정곡면 중교리 담안 마을에 있는 고 이 병 철 생가의 조경의 형태를 살펴보게 되면 언뜻 보기에도 잘 어울리지가 않는다.

마치 과수원에 와 있는 기분이 든다. 조경이란 말 그대로 인위적으로 꾸며서 가꾸는 전경을 말함이다. 그래서 어떻게 꾸미느냐에 따라서 운치가 달라진다. 집 안에는 나무가 키가 큰 것을 피하고 있다. 고목나무 같은 것을 집안에 많이 심게 되면 공기의 저항을 깨뜨리게 된다.

또한 나무가 지붕을 넘어서게 되면 나무가 氣를 빼앗아 간다고 보는 것이다. 또한 잎이 터벅터벅한 향나무 종류는 개인집에서는 어울리지 않는다. 이것은 입이 좁고 공기가 통하지 않게 된다.

특히 집안에는 화단처럼 돌을 쌓게 되는데 돌은 차고 습기를 불러들이게 되고 맑고 양명한 터에서 발생하는 氣를 소멸시키는 역할을 하게 된다.

이토록 조경은 세밀하게 신경을 써야 한다. 일반적으로 조경을 한다함은 누구나 웅장하고 큰 나무를 심고 돌을 쌓아서 만드는 것에 익숙하다. 그러나 풍수적으로 고려를 해야 하고 가정의 실내에서 용도를 생각해야 하므로 그 집의 구조와 잘 맞는 조경을 하는 것이 좋다.

사람도 누구나 체격에 맞추어서 옷을 맞추어 입는데 하물며 집이라고 해서 그에 맞는 조경을 하지 말라는 법이 없다. 특히 국내 재벌가의 생가이니까 특별히 조경을 연구해서 꾸며 놓지 않았나하고 생각을 하겠지만 그렇지 않다.

조경을 하는 기술자들은 양택 풍수에 대한 이해를 함으

로써 이상적인 조경공사를 할 수 있을 것으로 생각이 든다. 그러나 우리나라 조경사들이 풍수지리를 깊이 연구하고 공부하는 경우가 많지 않다는 사실을 감안할 때 아쉬운 점이 많다고 볼 수 있다.

주택 조경

[고 이 병철 회장 주택의 별채]

조경이라 하면 일반인들은 잘 알지 못한다. 대부분 골프
장이나 관공서에서나 조경을 하는 것으로 알고 있다. 그러
나 면밀히 살펴보면 일반 가정집이나 공공건물 할 것 없

이 인위적으로 조경을 하지 않는 곳이 거의 없다. 조경이라 하면 그 분야에서 활동하는 이들이 많이 연구를 하겠지만 특별히 풍수적으로 연구하는 사람은 그리 많지 않다.

그것은 풍수지리의 학문이 대중적으로 널리 알려지지 않은 데 문제가 있다. 그러나 이왕이면 인위적으로 주변의 환경을 개선하고 꾸밀 바에는 풍수적으로 조화를 맞추는 것이 좋다는 것이다.

위 사진에서 보면 우리나라의 최대 재벌인 고 이 병철 회장의 생가가 있는 경남 의령군 정곡면 장두리 담안 마을에 있는 별채이다. 생가에서 앞쪽으로 나와서 다시 지어서 거처하던 곳이다.

고 이 병철 회장은 생전에 풍수지리와 역학을 대단히 선호하였고 학문을 익혀 응용하기도 하였다는 말이 전해져 오고 있다.

그래서 그런지 몰라도 집이 웅장하고 잘 지어졌고 대문 옆에 정원수를 심어놓았는데 집의 건물과 담이 조화를 이루었다. 한 가지 아쉬운 점이 있다면 키가 너무 큰 나무가 즐비하다는 것이다. 아마도 처음에는 이렇게 큰 나무를 심지 않았는데 나무가 많이 자랐을 수 있다. 가정집에는 나무를 심을 때에는 나무가 지붕보다 높다면 이것은 집안의 氣를 뽑아 나가게 되는 것이다.

무학대사 사리탑 자리 천하명당이다

[경기도 양주군 소재. 무학대사 사리탑]

　경기도 양주군 회천읍 회암리 칠보산에 나옹선사의 사리탑이 모셔져 있다. 나옹선사는 고려말 명승으로 본명(本名)은 혜근이고 호는 나옹이다. 고려 충숙왕 7년에 오대산

상두에 머물다가 공민왕 시절에 회암사의 주지였고 무학대사의 스승으로서 당대의 고승이었다.

나옹선사의 사리탑 아래에는 회암사를 창건한 지공선사의 부도가 모셔져 있다.

원래 지공선사는 인도의 고승(高僧)으로 우리나라에 들어와서 회암사를 창건하였으며 이분도 역시 무학대사의 스승이었다.

그래서 맨 위에는 나옹선사, 그 아래에는 지공선사, 맨 아래쪽에는 무학대사의 부도가 차례로 모셔져 있다. 그런데 이 사리탑이 모셔져 있는 이 곳은 천하의 명당지로서 근래에 보기 드문 명당이다.

와겸유돌(窩鉗乳突)의 사상론(四象論) 중에서 유혈(乳穴)인 양혈(陽穴)에 해당되는 아주 큰 혈(穴)이다. 고승에 사리탑을 이렇게 천하의 명당에다 모셔 놓은 까닭은 무엇 때문일까 하는 궁금증이 든다.

일반적으로 명당을 말할 때 그 요건이 정밀하게 갖추었는지 관찰하여 명당의 등급을 결정하게 되는데, 이 곳은 주위의 산세와 보국(保局) 장풍(藏風) 등 어느 하나도 빠질 데 없는 곳이다.

무학대사는 풍수지리에 개안(開眼)한 고승이었으므로 제일 좋은 자리에 잡았을 것인데, 그 아래쪽 회암사지 터는 지금 폐허가 되어있는 모습이 안타까울 따름이다. 전성기에는 스님만도 만여 명에 이르렀으니 국내에서도 제일 큰 절터이다. 이 절은 어느 때 어떻게 없어지고 훼손되었는지 기록을 찾아볼 수 없는 만큼 철저히 훼손되었다는 것이 안타까울 따름이다.

근래에 와서 대충 발굴을 하여 주춧돌과 돌담 정도만 발굴해 놓은 상태이다. 이 곳은 풍수지리적으로 본다면 절터로서는 너무나 위치가 낮고 보국 형성에서 문제가 있다.

가까운 좌청룡(左靑龍)과 우백호(右白虎)의 형태는 일자로 가늘게 빠져 버렸다. 귀사를 논할 만한 절터는 되어 있지 않다는 것이 필자의 소견이다.

절터가 되었건 개인 주택이건 간에 터가 제대로 된 곳에는 오래도록 보존되어 간다. 풍수지리적으로 좋지 않다 싶은 곳은 오래도록 보존이 되지 못하는 공통점이 있다.

현재 국내에서 이름 있는 고찰들은 대부분 풍수지리적으로도 좋다. 부처님을 모시는 절터라 할지라도 풍수적으로 좋은 곳에다 지어야 한다.

위에서 말한 대로 나옹 선사나 지공선사, 무학대사의 부도탑도 천하의 명당자리에 모셔져 있으므로 500년이 지난 지금까지도 조금도 훼손되지 않고 모셔져 있다고 보는 것이다.

팔각정(八角亭)

[팔각정(八角亭)]

팔각정(八角亭)이란 옛날부터 주역의 8괘로서 만들어졌다. 동서남북의 정사방위(正四方位)에서 사이사이를 하나씩 더 넣게 되면 사우방(四隅方位)로서 8방위가 되는 것이다. 그래서 4방 8방을 따지게 된다.

필각정은 정각이나 기타 유산물로는 쓰이게 되지만 사실상 사람이 기거하게 되는 공간으로서 적합하지가 않다.

사람이 기거하게 되는 공간은 전 세계에서 아직까지 사방으로 만들어진 공간인 사각형의 공간이 제일 좋다는 것이다. 이것은 과학적으로도 입증이 되어 가고 있다.

건축물의 유행이 전 세계적으로도 사각형이 제일 많을 뿐 아니라 사용하는 데에도 제일 편리하다.

과학적으로도 사각형의 공간 속에는 공기가 감돌게 되면서 순환하는데 제일 적당한 공간을 유지하고 있는 것이 사실이다.

공기는 원형을 이루고 돌기 때문에 네 모서리에는 적당한 공간이 생기게 되어 나쁜 공기를 걸러내는데 8각이 되면 실질적으로 원형(圓形)에 가깝기 때문에 빈 공간이 그리 많지가 않다는 것이다. 나쁜 공기를 걸러 주는 역할을 하지 못한다.

그러므로 사람이 직접적으로 거처하기에는 부절적하다. 옛날부터 이러한 단점을 미리 알고 사람이 거처하는 곳으로는 8각형을 짓지 않았다.

강물이 많이 보이면 좋지 않다

　풍수지리는 주역의 8괘에서 8방위로 정립되어 응용되고 있다. 물론 8방위에서 기본으로 보는 것은 음양의 이치이다. 크게는 태양과 육지는 음양이요, 지구에서는 지구를 양(陽)으로 보고 지구 표면을 감싸고 있는 물은 음(陰)으로 본다.

이렇게 음양이란 변화가 무쌍하여 모든 만물에 이르기까지 유용이 되고 있다. 양중유음(陽中有陰), 음중유양(陰中有陽)이라 음양의 원리는 끝이 없이 음은 양을 낳고 양은 음을 낳고 영원히 이어져 가는 것이 음양의 이론이다.

그래서 지구는 모든 만물을 창조하고 변화무쌍한 조화 속에서 존속이 되고 있다. 그런데 풍수지리에서 간혹 물을 다루는 데가 있기 마련이다.

음양의 이치 속에서 물이 하나도 없다면 이것은 양(陽)으로 치우쳐 좋지 않다. 그래서 가령 어느 명당이 있는데 그 곳에는 득수처(得水處)를 논하게 되고 파구처(破口處)를 따지는 것이 기본이론이다.

이러한 이론들이 잘못 전파가 되어 물이 많이 있는 곳이어야 된다는 오해와 함께 근래에는 서울에서도 한강이 보이는 곳의 아파트 값이 훨씬 비싸게 되는 현상들이 일어나고 있는 것이 사실이다.

과거 고서(古書) 어느 곳에도 강물이 세차게 흘러내리는 곳이 좋다는 문헌은 없었다. 물이 많이 흘러내리거나 너무나 많이 보이면 흉한 것이 대부분이다.

우리는 과거 풍수지리의 이론을 떠나서 현대 과학적으로 생각해 볼 필요가 있다. 가령 가까이에 큰 저수지가 있으면 그 주변에는 몇 km까지는 수기(水氣)가 범람하여 식물이건 동물이건 아무것도 제대로 되는 것이 없다.

심지어는 소도 원인을 모르는 채 죽어간다는 보도를 본 일이 있었을 것이다. 그 수기(水氣)란 아침에 햇살이 퍼질 때 자세히 보면 물안개가 피어오르는 것을 볼 수 있을 것이다.

그 물안개 속에는 수기의 독이 있어서 그 수기를 인체가 직접 받는다면 제아무리 천하장사라고 견디지 못하게 된다.

쌍기두(双起頭) 가상(家相)

쌍기두(双起頭)라면 일반 사람들에게는 생소한 말일지도 모른다. 이것은 풍수지리에서 자주 쓰는 용어로서 실제로 집을 쌍기두로 지어서는 안 된다는 것이다. 인류가 지구상에서 공동체를 이루고 살아가는 데는 하나의 가정에서부터 시작이 되는 것이므로 개개인의 가정이 잘 만들어 짐으로써 가정이 모여서 마을을 만들고 마을이 모여서 하나의 거대한 나라가 되는 것이다.

개개인의 가정이 행복하지 않고 허물어진다면 이것은 사회가 튼튼하지 않다는 것이나 다를 바가 없다.

집을 짓는데도 벽돌 하나하나가 처음부터 밑바닥에서부터 바르게 쌓아짐으로써 튼튼한 집이 지어지고 무너지지 않는 것이다. 마찬가지로 하나의 가정을 바로 세우는 데에는 설계에서부터 기초공사가 중요하다.

처음 시작할 때 기초공사인 설계에서 구도가 가장 중요한 것이 풍수지리이다.

쌍기두란 쉽게 말하면 한 가정에 주인이 두 사람이라는 것이다. 풍수지리에서 말하는 쌍기두 집을 자세히 관찰해 보면 집을 지탱하고 있는 중심점이 두 개로 보이는 것을 쉽게 발견할 수 있다.

그림은 그래도 외형적으로 쉽게 한눈에 보이지만 눈에 잘 보이지 않으면서 쌍기두 집이 있다. 그것은 풍수지리에 많은 연구를 하지 않으면 보기가 어려운 과제이다. 그렇다면 쌍기두 집에서 살아가면 어떤 일이 생기며 왜 좋지 않다는 것일까?

옛날부터 사공이 많으면 배가 산으로 간다는 말이 있듯

이, 나라에도 대통령이 1명이지 2명이 있을 수 없고 가정에 주인이 한 사람이지 두 사람이 있을 수 없는 것이다.

그래서 쌍기둥의 가상은 심심찮게 싸움이 일어나기 마련이고 실제로 싸움이 일어나지 않는다 하더라도 이러한 집에서 오래 살게 되면 관재구설수가 생기고 시비가 그칠 줄 모른다.

가상(家相)의 빈상(貧相)

　가상도 빈상(貧相)과 길상(吉相)이 있다. 이것은 오래 전부터 우리 인간이 석기시대에서 목기시대를 거쳐 철기시대를 지나 문명사회를 이루고 있는 현대 사회에까지 통털어서 우리 조상들이 대대로 삶을 살아오면서 얻어진 경

험과 지혜 속에 터득한 내용들이다.

그 시대의 가옥구조는 그 시대의 삶을 나타내고 있는 것이다. 가상이 부상(富相)이면 그 집 또한 부(富)와 귀(貴)를 누리고 살았고 가옥이 빈상(貧相)이면 여지없이 가난하게 살아온 것이 사실이다.

과일도 수박이나 참외같이 큰 과일은 알맹이가 크고 많아서 여럿이서 나눠 먹을 수도 있지만 감이나 알밤 같은 것은 그렇지 않다. 그래서 시대별로 가옥의 형태를 조사해 보면 그 시대의 삶의 질을 알 수 있다.

하등에 과거뿐만 아니라 지금에도 판자촌 같은 집에서 부(富)를 누린다는 말은 거짓일 것이다. 넓은 아파트나 대궐 같은 양옥집에 사는 사람이 가난하다고 하면 믿어줄 사람은 아무도 없을 것이다.

물론 집이 넓고 크다고 다 잘 사는 것은 아니다. 그것도 주체인 건물과 대지와 대문과 출입문이 잘 배치되고 삼합(三合)에 잘 맞도록 구성하는 것은 물론이다.

집이 아무리 적고 판자촌이라도 출입구와 집의 주(主)가 잘 맞추어 지어졌다면 거기에 사는 사람은 점차로 재물을 모아서 큰 집을 사서 옮기게 되는 것이 사실이다.

그래서 풍수지리에서는 주(主)와 대문을 음양(陰陽)으로 보기 때문에 잘 배합된 것을 대길한 상으로 보는 것이다.

길상에다 음양오행이 잘 맞으면 복가(福家)로서 부와 귀를 누리게 된다. 풍수지리에서는 주(主)와 대문을 음양으로 보기 때문에 잘 배합된 것을 대길한 상(相)으로 보는 것이다.

연화산(蓮華山) 옥천사(玉泉寺)

[경상남도 고성군 소재. 옥천사]

옥천사(玉泉寺)는 풍수지리적으로 천하의 명당지(明堂地)로 잘 알려져 있다. 신라의 성인 원효대사와 함께 쌍벽을 이룬 의상대사가 창건하였다.

중국 당나라에 유학하여 지엄(智嚴)선사로부터 화엄의 오묘한 이치를 깨 닿고 돌아와서 국내의 명지에 제자들과 화엄 십찰을 세웠으니 그 중 하나가 옥천사(玉泉寺)였다.

풍수지리를 연구하면서 전국에 유명 사찰을 많이 돌아보았지만, 역사가 오래되고 규모가 큰 절은 대부분 천하의 명당지임에 틀림없다.

명당지가 되지 못한 자리는 대부분 중도에 와서 소실되거나 절터만 남아 있기 마련이다.

연화산(蓮華山)이란 이름도 연꽃이 피어있는 꽃 봉우리를 감싸고 있듯이 산의 용세가 그렇게 생겼다는 것인데, 이것은 풍수지리의 형상론에서 많이 논하는 것이다.

연화산(蓮花山)의 연화봉(蓮花峰)

　형기론으로 볼 때 옥천사(玉泉寺)의 경내를 들어가 보게 되면 경유좌(庚酉坐)로 지어졌고 그 주산이 부봉(富峰)으로서 감싸 안고 있으며 산이 양명(陽明)하여 氣가 넘쳐흐르는 것이 보이게 된다.

첫째는 산이 양명하고 산세(山勢)가 수려하고 뒷산이 장엄하면서도 부드럽다. 금형산(金形山)의 형태로서 이루어져 있으며 큰 법당 옆에는 옥천(玉泉)의 샘물이 솟아나는데 이것은 1400여년 전부터 지금까지도 비가 오나 눈이 오나 한 방울에 오차도 없이 솟아나오고 있다는 점이다.

이것은 주역에 이치로서 서출동류수(西出東流水)하고 있음으로서 약수 물 중에서도 으뜸가는 약수이다.

그리고 유구한 역사 속에서 온갖 재난과 정부의 불교 정책의 탄압 속에서 무사히 살아남을 수가 있었던 것은 오직 이 땅이 천하의 명당지이기 때문이라는 것을 알 수가 있다.

특히 조선시대에는 임진왜란이 일어나자 서산대사는 승려들을 집결하여 사명대사를 총사령관으로 하여 군사를 일으켜 왜군을 물리치기도 했다는 기록이 있다.

그 총사령부가 지금의 옥천사(玉泉寺)이므로 그 업적은 나라를 구하는데 큰 공이 되었다.

많은 승려와 사람들이 집결되고 천하의 자연적인 요세를 이용하여 왜병인 왜군을 물리칠 수 있었던 데에는 승려들의 정신적인 무장도 중요하지만 그에 앞서 옥천사(玉泉寺)라는 천하의 명당지로서 좋은 약수 물이 영양분이 되지 않았나 하는 생각이다.

옥천사(玉泉寺)의 경내(境內)

[옥천사(玉泉寺)의 경내(境內)]

풍수지리에서는 氣가 많은 곳에 몸이 허약한 사람이 가서 머물게 되면 좋은 氣를 받아서 몸이 건강해진다는 이론이다. 이것은 사람이 가진 氣보다 땅이 가진 氣가 더 많게 되면 자연히 사람에게로 옮겨진다는 원리이다.

절에 가서 부처님께 봉양하고 좋은 약수 물이라도 한 모금 마심으로서 마음이 상쾌해지듯이 좋은 氣를 받음으로서 건강에 큰 도움이 되리라고 믿는다.

수백 년 전부터 옥천사에서 공부를 한 사람들이 정부에 핵심 인물들이 많다는 것은 우연히 아니라는 것을 알 수가 있다.

옥천사의 주지 옥지성 스님이 취임한 이후에는 도량을 정돈하여 모래를 깔고 사천왕문과 적묵당, 탐진당을 개수하였으며 소화전을 시설하여 화재(火災)에 대비하였으며 만불당을 조성하여 지금은 완성단계에 있다.

역사적으로 전해 내려오는 유물 160여점을 수집하여 지방 문화재에 지정받아서 박물관을 지어서 전시하고 있다.

이 밖에도 많은 사업을 하여 옥천사를 발전시켜 문화에 크게 기여하고 있다.

많은 사람들이 밝고 맑은 연화산의 명당지를 찾아서 성불하고 있다는 것은 이 곳이 천하의 명당 길지임에 가능한 일이다.

옥천사(玉泉寺)의 약수물

[옥천사(玉泉寺)의 약수물]

경남 고성에 있는 옥천사(玉泉寺)는 그 역사가 1300여년
이 되었다. 필자가 옥천사를 처음 들렀을 때 매우 포근하
고 좌우로 장엄한 산이 둘러쌓여 있는 그 모습에서 이곳

이 과연 명당이구나 하는 생각이 들었다.

그런데 놀라운 것은 경내에 법당 옆에 자리하고 있는 우물이었다. 물에 역사란 우리 인류가 생존하면서부터 거슬려 올라간다. 물은 액체 상태로서 지구상에 존재하는 모든 생물과 동물의 에너지 자원이기도 하다.

우리 인류도 물이 없었다면 존재하지 못했음은 물론이요 모든 동물과 식물도 존재하지 못했을 것이다.

우리 인체의 구조도 70% 이상이 물이고 음양오행에서도 물이 1번으로 으뜸으로 꼽는다.

그런데 음양론에서 말하기를 물은 서출동류수가 되어야 인체에 해가 없다고 하였다. 그 말은 물도 음양(陰陽)이 맞아야 인체에 들어가서 이롭게 된다는 뜻이다.

서쪽은 금국(金局)이요 북쪽은 수국(水局)이요 동쪽은 목국(木局)이요 남쪽은 화국(火局)으로 금(金)은 수(水)를 배설한다 하였으므로 이를 금생수(金生水)라 한다.

그래서 서출동류수(西出東流水)란 서쪽에 산이 높아서 동쪽으로 물이 흘러내리면 동쪽에서는 태양이 떠오르게 되므로 음양이 화합하여 만물에 영양소가 된다.

일반적으로 약수라 하게 되면 높은 산골에서 맑게 흘러내리게 되면 무조건 약수로 취급하게 되는데 그것은 그렇지가 않다.

약수란 오행의 이치에 따라서 순행의 일치가 되었을 때 약수라 하게 되는 것이다. 그래서 물을 구분할 때에는 암물과 숫물을 구분하게 되고 남쪽에서 북쪽으로 흐르는 물을 역수(逆水)이라고 하게 되는 경우이다.

아무리 높은 산골에서 흐르는 물이라도 숫물이 된다면 이것은 인체에 들어가서 해를 끼치게 되는 경우이다.

우리나라에서 장수 마을을 돌아보게 되면 공통적으로 물이 좋은 곳에서 생활하는 경우가 많다.

옥천사는 1300여년 동안 지켜온 것도 바로 이러한 약수물의 큰 힘과 경내가 명당지(明堂地)로서 많은 사람들이 약수 물을 마시고 건강을 보존하게 되고 알게 모르게 약수로서의 소문이 거듭나면서 인체에 이로움을 제공했을 것으로 생각이 든다.

사찰의 이름 또한 옥천사(玉泉寺)로 구슬 같은 샘물이라는 이름을 가지게 된 것도 아마도 과거 선사들의 지혜가 숨어 있음직하다.

더구나 우리 인간은 하루에 2리터에서 많게는 3리터 정도의 물을 섭취하고 땀과 오줌으로 노폐물을 배출하는 순환을 하면서 나쁜 물질을 걸어내고 인체의 혈액을 맑게 하는 과정에서 좋지 않은 물을 계속 섭취하게 된다면 이것은 건강에 해악을 끼치는 것은 불을 보듯 뻔한 이치이다.

근래에 와서는 여러 학자들이 물에 대한 연구를 계속함으로서 5각형이다, 6각형이다 하여 과학적인 증명을 계속하고 있는 실정이다. 그리고 물은 그 맛이 온도에 따라서 달라진다는 것이다. 온도가 차가운 물과 미지근한 물과 따뜻한 물과 팔팔 끓는 물에 맛과 성질이 확연히 구분이 된다하여 여러 가지의 학설이 나오고 있는 현실이다.

더구나 각 지형마다 산골마다 천태만상의 물이 존재하고 있다. 그러나 그 흔한 물이라 할지라도 인체에 약이 되고 보(保)가 되어 인체에 산소를 만들어 주고 나쁜 물질을 걸러주는 물이 되어야 만이 인체 내에 생기(生氣)를 불어넣어 주게 되는 것이다.

그러나 정작 풍수지리에서는 전국 방방곡곡을 돌아 다녀보아도 음양오행에서 말하는 이론을 겸비한 약수는 드물다.

인간은 누구나 건강상태가 좋을 때도 있지만 나쁠 때도 있기 마련이다. 그래서 이를테면 공기 좋고 물 좋은 곳에서 수양하기를 원하고 있다. 하지만 정작 어떤 곳의 물이 좋은지에 대해서는 정확하게 아는 이가 드물다.

과거에도 옥천사에서는 고시 공부를 하는 학도들이 많이 찾아왔다는데 그 곳에서 공부하여 합격을 한 사람이 즐비하다고 하니 아마도 1300여년을 지켜 온 부처님과 좋은 약수물의 효과를 톡톡히 본 것이 아닌가 한다.

100년 앞을 내다보다

2003년에는 유난히도 폭우가 심했다. 전국 어느 곳이나 폭우로 인하여 피해를 보지 않은 곳이 없었다. 농촌에서는 비가 너무 많이 와서 농작물이 녹아 버리고 결실을 맺지 못하는 대흉년을 맞이하는 해였다.

그러던 중 8월에는 제14호 태풍 매미가 전국을 강타하여 강원도와 경북, 경남 일디에 침수가 가장 심했다.

그런데 태풍이 지나가고 수일이 지나자 필자에게는 고맙다는 한통에 전화가 걸려 왔다.

경남지역에 10년 전에 집터를 봐 주었던 곳이었다. 그 당시에 집을 짓는다고 해서 그 터를 봐주고 좌향(坐向)을 맞추어 준 집이었다. 10년 전에 그 곳에 집을 짓겠다고 할 때 이 곳에 집을 지으려면 약 3m까지 돋아야겠다고 말해 주었다. 사람의 허리 높이로 흙을 길어다 부어 놓고는 좌향(坐向)을 정확하게 놓아 달라고 하였다.

그런데 필자는 많은 돈을 들여서 집을 지을 바에는 그렇게 집을 짓지 말고 주택을 지을 때의 3대 조건을 자세히 설명해 주고 이 터에서 사람의 키에 비해서 한질 반 정도를 더 높이 돋우되, 흙은 비석비토(非石非土)를 실어다 부으라고 조언을 해 주었다. 그러나 그렇게 높이 집을 지으려다 보니 앞집과 뒷집 옆집에 비해서 어울리지가 않고 뒷집에 지붕 높이가 이 집의 마당 높이가 되었으니 시골의 인심이니까 가능한 일이었지 도시라면 불가능한 일이었다.

그런데 이번에 대홍수가 지게 되자 집의 바로 뒤쪽에 있는 뚝이 넘어져서 면소재지 일대와 학교와 지서, 농협할 것 없이 모두 물에 잠기고 말았다.

하지만 이 집에는 마당에만 물이 들었고 주변에 마을 사람들이 한밤중에 모두 이 집으로 대피를 하였던 것이다.

주변에 가옥 200여 호가 물에 잠기게 되었으며 그 곳에 80세 이상의 노인들께서는 태어나서 물이 이렇게까지 많이 든 예는 처음 보았다고 말씀을 하셨다는 것이다.

그리하여 10년 전에 조언을 해 준 필자가 생각이 났다며 그 집의 주인이 전화를 걸어 왔던 것이다.

이 후 그 주변에 집을 여러 채 봐 주었고 그 마을 사람들은 터를 돋우라고 한 위치까지 물이 올라오지 않았으므로 이것을 정확하게 알아 맞추었다하여 필자를 도사(道士)라고까지 칭하였다. 그러나 풍수지리를 누구나 제대로 공부를 하게 되면 100년 앞도 내다보게 되는 일이 가능한 일이다. 양택의 3대 요소 중 전저후고(前低後高)는 앞이 낮고 뒤쪽이 높아야하는 것이고 배산임수(背山臨水)는 집을 짓는 장소가 높아야 많은 비가 오게 되면 물이 잘 빠지게 되고 습하지 않게 되는 것이다. 그리고 전착후관(前窄後寬)이란 들어가는 입구보다 안 쪽이 넓고 공간이 있어야 부(富)를 쌓게 된다는 뜻이다.

이 3가지의 조건을 잘 지키게 되면 이러한 태풍이나 수해를 최소한으로 줄 일 수가 있고 밝고 양명한 쾌적한 주택에서 생활을 할 수가 있다.

주택명당

제5장

담 넝쿨은 오행에서 수(水)이다

오행의 기운이 부족하다면 음양오행에서 필요로 하는 나무들로 집 안에 조경을 할 수가 있다. 그러나 담 넝쿨은 제외이다. 간혹 본인의 집 담장에다 기르는 사람도 있으나 이것은 매우 잘못된 것이다.

아무리 튼튼한 담장이라도 넝쿨이 붙어서 자라게 되면 습기를 불러들이게 되어 담장을 부식시키게 되고 담장만 부식시키는 것이 아니고 습한 곳은 위생적으로 좋지 않을 뿐 아니라 집안에 맑고 밝은 기운을 빼앗아 간다.

풍수지리에서는 집을 지을 때 약간 높은 터를 골라서 지어야 한다고 하였는데 그것은 습기를 피하기 위해서다.

집안에 수기(水氣)가 부족하더라도 타 나무로서 조경을 할 수가 있으므로 굳이 좋지 않은 식물로 조경을 할 필요가 없다. 이와 같이 오행에서 어긋나는 식물은 피해야 한다. 이왕이면 음양과 오행을 맞추어서 조경을 하는 것이 가장 좋다.

은행나무는 오행에서 금(金)이다

　은행나무는 오행에서 金에 해당이 된다. 아마도 많은 나무 중에서 은행나무처럼 오래 사는 나무도 드물 것이다. 은행나무는 숙성하게 잘 자라는 관계로 금기(金氣)가 부족하다면 은행나무를 심어서 가꿀 수 있다.

과거부터 역사가 오래된 마을 어귀에 심는 것은 마을 사람들의 권위와 명예 또는 부(富)를 불러들이는 데 한 몫을 했다.

현재까지도 수천 년 내지는 수백 년이 지난 은행나무가 존재하고 있다. 그러나 은행나무는 가정집에서 가꾸기에는 부적절하다. 첫째로 키가 너무 크고 잘 자라는 관계로 심어서 좋지 않다.

과거부터 나무가 지붕보다 키가 크면 그 집의 지기(地氣)를 다 뽑아 올린다하여 꺼려왔던 것이 사실이다.

나무는 뿌리에서 몸통과 가지를 통하여 모든 氣가 나뭇잎 끝부분에 모이게 된다. 지기(地氣)를 위로 뽑아 올리게 된다는 뜻이기도 하다.

그리고 나무의 잎은 태양의 에너지를 받아서 가지와 몸통을 통해서 뿌리로 전달을 하게 된다.

집을 짓는 땅은 단단하고 공기가 땅속으로 들어가서는 안 된다. 큰 나무는 뿌리가 땅 속까지 깊이 들어가 있게 됨으로서 땅이 단단하지 못하여 좋지가 않다.

오행에서 목(木)에 해당이 된다

음양오행에서 살구나무는 木에 해당이 된다. 목기(木氣)가 부족하다면 살구나무가 제격이다. 석류라든지 매실나무 등이 木에 해당이 된다. 이토록 오행에 적당한 나무를 골라서 심는 것이 가상을 꾸미는 데 가장 좋다.

특히 집안에 목기(木氣)가 부족하다면 이러한 나무를 심는 것이 좋다. 목기(木氣)가 부족하다 함은 주택이 북쪽에 출입문이 있는데 서쪽이 기두가 되어서 목(木)에 氣를 얻지 못하는 집이다.

조경을 한다고 보기 좋게만 꾸미려는 생각보다는 음양과 오행의 조화를 잘 이루어서 꾸미는 것이 현명한 방법이다.

비록 수만 가지의 나무가 존재한다 하더라도 집안에다 심어서 조경수로서 가치를 느낄 수 있는 나무는 한정되어 있다는 것이다.

옛날부터 집 안에는 함부로 나무를 들이지 않았다. 고작 감나무나 대추나무, 살구나무 같은 유실수(有實樹)에 불과하였다. 그것은 나무를 심어서 이익을 보는 것보다 손해가 되는 일이 많았기 때문이다.

오행에서 소나무는 토(土)이다

소나무는 우리나라에 어디를 가든지 있는 가장 친근한 나무이다. 산에도 토질이 좋고 맑은 氣가 많은 곳에는 소나무가 많고 소나무는 또한 장수에 의미를 가지고 있다. 사시사철 푸름을 간직한 채 묵묵히 우리 국토를 지켜 왔다.

소나무는 오행에서 중앙토(中央土)에 해당이 된다. 가정집에도 토기(土氣)가 부족하다면 소나무로 조경을 하는 것이 적합하다.

과거부터 소나무는 장수와 부(富)에 상징으로 여겨 왔다. 마당의 뜰에 잔디를 잘 가꾸어서 소나무로 조경을 한다면 부(富)를 불러들이는 역할을 하게 된다.

이토록 나무 한 그루라도 헛되이 해서는 안 된다. 풍수지리의 학문이란 근본적으로 모든 만물을 다 필요로 하고 있으므로 조화를 일컬어서 보는 것이다.

과거 우리 조상들은 집에 소나무를 심지 않았다. 그것은 소나무가 야생에 성질이 강한 나무로서 산에서 잘 자라는 특성이 있어서 집에서 소나무를 심는다는 것은 상상조차 하지 못하였다.

그러나 근좌에 와서는 인테리어 조경이라 하여 개발과 연구를 거듭하면서 소나무를 집에서 심는 경우가 많아졌으며 주택에서 토기(土氣)가 부족하다면 이러한 소나무가 제격이다.

화(火)에 해당하는 화분

열매가 달린 화분은 오행에서는 화(火)에 해당이 된다. 집안에 화기(火氣)가 부족하다면 이러한 화분을 많이 놓아두는 것이 크게 도움이 된다.

위 화분은 나뭇잎이 좁고 위로 뾰족뾰족하게 자라는 모

습과 빨간색의 열매를 많이 달고 있다.

이러한 화분은 실내가 침침하거나 햇빛이 잘 들지 않는다거나 또는 출입문이 서쪽이고 집의 기두(起頭)가 서쪽이나 북쪽일 경우에는 화기(火氣)가 절대적으로 부족하므로 이러한 집에는 화기가 왕성한 화분으로 조경을 하는 것이 좋다.

집안에도 음양오행이 항상 존재한다는 것을 기억해 두었으면 한다. 특히 위 화분과 같이 잎이 뾰족뾰족하고 붉은 열매가 달리는 나무는 오행에서 화(火)에 속하고 대나무도 화(火)에 속하게 된다.

시골에 가 보면 집 뒤쪽이나 옆쪽에는 대나무가 심어져 있는 곳이 많고 대나무 밭이 있는 경우 과거에 집터였다는 것을 알 수 있다.

뜰(마당)의 조경

　위 사진에서 본 조경은 과연 몇 점일까? 우선 보기에는 아기자기하게 보이고 상당히 잘된 조경으로 보인다.

　화(火)에 해당 되는 나무와 토(土)에 해당 되는 나무 그리고 금(金)에 해당되는 나두, 목(木)에 해당되는 나무 등이 골고루 분포가 되어 있어 운치가 있다. 그러나 조경을 하는 목적을 알아야 한다.

집안에 나무를 심는 것은 정확하게 말해서 좋은 공기를 얻고 다소의 그늘이 있어서 시원하게 하기 위함이다.

위 사진에서는 나무와 나무 사이의 공간이 없고 키가 너무 크다. 집안에 키가 큰 나무를 심어서 조경을 할 필요가 없다.

과거부터 키가 너무 커서 지붕을 넘는 나무를 무척 꺼려 왔다. 나무의 잎이 무성하여 울창한 것이나 나무가 너무나 많이 밀집이 되어 있는 것 또한 주택에서는 좋지가 않다.

공기의 흐름을 막아서 좋은 산소를 만들어 내지 못하기 때문에 과거부터 집안에는 나무를 함부로 심지 않았다.

현대 사회에서는 자연과 접할 수 있는 기회가 나날이 줄어들기 때문에 오행에 알맞은 조경수로서 꾸며 주는 것이 무방하다.

정원수는 모양에 따라 오행이 다르다

　음양오행을 깊이 공부하지 않으면 자칫 엉뚱하게 나무를 심을 수가 있다. 나무를 하나하나 분류하게 되면 오행이 정해진다. 그러나 이것은 전체의 조경을 어떻게 조화롭게 꾸미느냐에 따라서 오행이 달라진다.

산의 형태를 보고 오행을 알 수가 있는데 산이 화산형(火山形)이라고 해서 그 산에 다른 형태의 나무가 없는가 하면 그렇지가 않다.

수(水)에 해당되는 나무와 목(木)에 해당되는 나무 금(金)에 해당하는 나무와 토(土)에 해당하는 나무 또한 많이 있다.

그러나 산을 분류할 때에는 종합적인 형상을 보고 화형산(火形山), 목형산(木形山), 금형산(金形山), 토형산(土形山), 수형산(水形山)으로 분류를 하게 된다.

위 사진에서 은행나무를 몇 그루 심어 놓았는데 은행나무는 금(金)에 속한다. 그러나 종합적으로 볼 때 금형이 아니고 누가 보아도 이것은 불꽃이 타오르는 형태로서 화형에 해당이 되는 것이다.

집 주변에 화형에 형태가 주류를 이루고 수기(水氣)가 적게 되면 주변이 메마르게 되고 화재의 염려가 있다. 그래서 풍수지리를 제대로 공부하지 않고서는 일류의 조경사가 되기 어렵다.

그리고 주택의 조경을 하는 데에는 여러 가지의 조경수가 필요하므로 한두 가지의 나무로서 단조롭게 조경을 한다는 것은 무의미하다. 오행이 골고루 분포가 됨으로서 조화를 꽤할 수가 있다.

토형(土形)의 조경

　주택의 내부에서 조경을 한다는 것은 매우 어려운 일이
다. 위 사진을 보면 나무를 제법 여러 종류로 골고루 심었
지만, 종합적으로 볼 때 나타나는 모습은 토형(土形)으로
조경을 하고 말았다. 소나무의 원래 오행은 화형이다. 그

러나 철쭉나무와 같이 어울린 모습이 토형이 되었다.

정원수를 심을 때에는 철쭉나무나 소나무가 어울리지 않는다는 것을 알 수 있다. 정원수를 심는 목적은 공기를 걸려서 좋은 산소를 만들어 내는데 그 목적이 있다.

마치 조경을 보기 좋게 심는 것으로 착각을 해서는 안 된다. 가령 집 안에서 출입문과 집의 주(主)가 木, 火로서 화기(火氣)가 많은 집이라면 정원의 나무가 토(土)의 氣를 발산하도록 조경을 하는 것이 좋다. 조경을 할 때에는 금형(金形) 또는 金의 氣가 많은 나무를 심는 것이 좋다.

보기 좋은 나무를 많이 심어야 한다는 생각은 잘못된 발상이다. 음양과 오행의 조화를 이루게 되었을 때 나무를 몇 그루만 심어도 좋은 조경을 할 수가 있다.

대문 위에 조경수는 좋지 않다

대문 위에다 나무를 심어 놓았다. 이것은 나무를 심는 것이 마치 보기 좋게 하기 위하여 심는 것으로 잘못 알고 있는 것 같다.

돈을 많이 들여서 조경을 해 놓고도 조경을 하지 않은

것만 못한 경우이다. 이 집은 아예 대문간 위에다 나무를
몽땅 심어 놓았으니 이것은 마치 객(客)의 기(氣)를 다 뽑
아 놓은 형태가 되고 말았다.

대문이란 집의 주(主)와는 객(客)의 관계이다. 그런데 문
간 위에다 나무를 심어 놓은 것은 대문을 마치 위장이라
도 해 놓은 형태가 되고 말았다.

이것은 주인이 아무리 훌륭한 인격자라 할지라도 상대
자가 없게 되거나 손님을 무시하거나 음흉한 현상으로 나
타나게 된다.

본인이 대접을 받고 발전을 하려면 상대를 높여주고 대
접을 할 줄 알아야 하는 것인데, 손님을 무시함으로써 더
이상 발전이 없게 된다.

귀격(貴格)의 오행(五行)이다

　조경을 할 때에는 전체적인 분위기가 중요하다. 그래서 나무를 심을 때에는 품종을 골고루 심어야 한다. 어떠한 나무는 키가 크고 어떠한 나무는 키가 작고 옆으로 벌어지는 등나무의 종류는 천태만상이다.

나무를 골고루 심게 되면 자연히 잘 어울리는 조경이 된다. 이러한 원칙을 모른다면 올바른 조경을 할 수가 없다. 그렇다면 좋은 조경이란 무엇일까? 가장 쉬운 방법은 대자연 본래의 형태를 유지시키고 자연에 가까운 조경을 꾸미는 것이다.

무엇이든지 너무 깎고 다듬고 가꾸게 되면 조경을 한다는 것이 오히려 자연을 망가뜨리고 마는 결과가 올 수 있다.

나무 중에서도 각각의 오행을 구분하는 데에는 첫째로 나뭇잎을 보고 구분한다. 나뭇잎의 끝이 뾰족뾰족한 것은 오행에서 화(火)에 속하고, 나뭇잎이 둥글고 크기가 보통인 잎은 금(金)에 속하고, 나뭇잎이 넓고 큰 종류는 토(土)에 속하고, 나뭇잎이 길고 둥글게 생긴 것은 목(木)에 속하고, 나뭇잎이 아주 길고 축 늘어진 형태는 수(水)에 속하게 된다. 나무는 이렇게 오행을 구분할 수 있다.

예를 들어서 소나무를 개별적으로 볼 때에는 잎으로만 보게 되면 목(木)에 속하고, 가지의 형태가 끝부분이 뾰족뾰족하게 올라오게 되면 화(火)에 속하고, 다듬어서 뭉쳐진 형태는 토(土)에 속하게 된다.

나무 담장은 토(土)에 해당이 된다

  엄밀히 따지면 품종에 따라서 오행이 달라진다. 그러므로 어떠한 조경사가 어떻게 조경을 하느냐에 따라서 달라지는데 위 사진에서 자세히 관찰해 보면 개별적으로는 화형(火形)이다.

그러나 전체적인 구성을 보면 이것은 풍수지리에서 흔히 말하는 토형(土形)의 형태를 이루고 있다.

토형을 이루면 우리는 일자문성(一字文星)이라 하여 명당 터에다 양택의 배합이 잘된 가상에 이러한 형태로 나무를 심는 것이 제격이다.

그러나 일반적인 주택에 위 사진과 같이 조경을 하게 되면 공기가 잘 통하지 못하게 되어 답답한 기분이 들게 되므로 이러한 나무를 심는 것은 바람직하지 못하다.

다만, 위 사진처럼 조경을 하는 경우에는 담장이 없다거나 할 때 담장의 역할을 대신하기 위해서 조경을 하는 경우이다. 담장의 역할을 하려면 키가 큰 품종으로 해야 한다. 양택의 길상에서는 담장이 사람의 키와 비슷해야 길격으로 본다.

과거에 우리 조상들은 담장을 아예 싸리나무와 같은 것으로 울타리를 치고서 담장을 대신했다. 그러나 마당에 있는 지기(地氣)는 사이사이로 다 빠져 나가게 됨으로써 재물이 모이지 않았다.

오대산(五臺山) 월정사(月精寺)
천하명당이다

[강원도 평창군 소재. 오대산 월정사]

　강원도 평창군 진부면 동선리 63번지에 월정사가 자리
하고 있다. 오대산 월정사는 일반인들에게도 널리 알려져
있다.

불자들은 절에 가더라도 그 절이 어느 시절에 창건이 되었는지, 그 곳이 명당 터인지 아닌지를 잘 알지 못한다. 우리나라에는 깊은 산중에 고찰이 많은 것이 사실이다. 현재까지 남아 있는 절은 대부분 그 터가 명당 터라는 것을 알 수가 있다.

터가 좋지 못하고 나쁜 터이거나 절터로서 조금이라도 흠이라도 있게 되면 소멸이 되어 없어지고 그 흔적만이 남게 된다.

풍수지리에 관심이 있는 사람이라면 누구나 이러한 사실에 대하여 알 수가 있을 것이다. 오대산 월정사는 그 입구에 들어서게 되면 산세가 매우 웅장하고 맑고 깨끗한 물이 흐른다.

이것은 태백산의 맥을 이어받아서 산이 깊고 수려하여 공기가 맑고 특히 큰 법당을 받치고 있는 주산은 둥글고 양명하여 마치 금형산의 형태를 이루고 있다. 풍수지리에서 금형산은 부귀와 명예를 뜻한다. 특히 좌청룡이 길게 뻗어서 끝부분에 뭉쳐있는 것을 볼 수 있는데 이것은 후대에 세월이 갈수록 발전을 하게 되고 번창을 하는 뜻이 있다.

그리고 우백호가 둘러서 좌청룡과 교세를 이룬 모습이 마치 삼태기처럼 둘러 쳐져 있으므로 외부 세계와는 단절

된 곳으로서 수행처로서도 제격이다.

이 곳에 주산은 자좌오향(子坐午向)이라 임자계(壬子癸)좌(坐)를 말함이고 향(向)은 병오정(丙午丁)이 된다. 대명당 터는 자좌오향이 대부분이다.

그리고 물은 서출수동류수(西出東流水)가 되어 약수이다. 산이 아무리 높고 물이 맑다 하더라도 서출동류수가 아니면 이것은 약수가 되지 못한다.

그런데 월정사 앞을 흐르는 물은 동해수로서 인체에 들어가면 보(保)가 되고 약(藥)이 되니 만인들의 영영가가 되는 것이다.

이토록 고찰이 대명당 터에 자리잡고 있음으로써 오랜 역사 속에서 묵묵히 발전에 발전을 거듭하면서 많은 수행자들의 번민과 액운을 달래 주기도 한다.

고찰이라고 해서 다 명당 터에 지어진 것은 아니다. 터가 좋지 못하고 절터로서 미약하다면 세월을 견디지 못하고 허물어지고 없어지는 것은 그 터에 氣가 없는 관계이다.

그러나 현재까지 존재하그 있는 고찰은 대부분 천하 명당지로서 그 곳을 찾아가게 되면 좋은 氣를 받아서 건강을 되찾게 되고 약수 물을 마시고 병마를 뿌리치게 되는 것이다.

그래서 사람들은 절이 있는 곳에는 명당이 아닌 곳이 없더라는 말을 하게 된다. 역사가 오래된 고찰일수록 대명당이 아닌 곳이 없고 터가 되지 못한 곳에 지어진 절은 거의 소멸이 되었다.

근래에 와서는 도시 주변에 지어진 절들이 간혹 명당이 아닌 곳을 흔히 볼 수가 있는데 교통이 편리하고 가깝다는 조건 아래 많은 사람들이 찾고 있다.

월정사는 신라 선덕여왕 때 지장율사가 중국 오대산에서 문수보살을 창건하고 얻은 부처님 청골 사리를 오대산에 봉안하고 월정사를 창건하였다는 기록이 있다.

통일신라 때에는 나옹스님과 사명대사가 수행한 자취가 남아 있으며 부처님의 진신(眞身) 사리가 모셔져 있는 적멸보궁에는 오늘도 선남선녀들의 발길이 몰려들고 있다. 산세 수려한 500년이 넘은 전나무 숲이 즐비하게 늘어서 있어서 절경을 이룬다. 이것은 우연의 일치가 아니라 절이 있는 터가 천하의 길지로서 좋은 氣가 감돌고 있음으로써 오랜 역사 속에서도 꿋꿋이 자리를 하고 있다는 사실이다.

근래에 와서는 역사유물 조사단이 발굴을 계속하고 있으며 고려 때의 귀중한 유물들을 캐내고 있다. 이것은 오랜 역사 속에서 월정사의 역사와 함께 걸어 온 세월을 말해 주는 것이다.

주택의 조경(造景)과 인테리어

주택을 아무리 잘 지어났어도 주변에 조경을 어색하게 한다면 이것은 운치(韻致)가 없게 된다. 운치가 없다 함은 집안에 좋은 공기를 얻을 수 없다는 뜻이다.

양택풍수에서는 출입문과 집의 주를 보고 화복을 논하

게 되는데 이것은 방향을 따지기 때문이다.

그러나 집 주변에 조경도 한몫을 한다. 조경을 잘못하면 보기에 좋지 못할 뿐 아니라 공기를 좋은 산소로 변화시키는데에도 문제가 있다. 명당으로 된 장소만을 찾아서 터를 잡을 수 없는 노릇이므로 인위적으로 잘 꾸며서 자연을 능가할 만한 조경을 이룰 수 있다.

나무를 가꾸는 데에는 대략적으로 보더라도 토(土)에 해당이 되는 나무, 목(木)에 해당이 되는 나무, 화(火)에 해당하는 나무가 있다. 그리고 담장을 덮는 넝쿨의 나무는 엄밀히 따지면 오행에서 수(水)에 해당이 되는 식물이다.

넝쿨은 담장을 덮어 버릴 정도로 놓아두면 습기를 불러들이게 되고 공기의 진로를 막아서 좋지 못하다.

오행에서 단풍나무는 금(金)이다

수만 가지 종류의 식물과 나무들 중에서 오행에 맞는 나무를 찾기란 그리 쉬운 일이 아니다. 그러나 유심히 살펴보면 답은 있기 마련이다.

잎의 모양과 나무의 특성을 보아서 판별이 가능하다. 단

풍은 가을에 물이 들고 가을은 오행에서 금(金)에 해당이
된다. 그래서 집안에 금기(金氣)가 부족하다면 단풍나무를
집안에 심어서 조경을 하는 것이 좋다.

그러나 금기가 많은 집이라면 굳이 단풍나무를 심을 필
요가 없다. 금기가 많다 함은 출입문이 동북쪽이나 서남쪽
에 있고 집의 기두가 서쪽이나 서북쪽에 있게 되면 금에
기운이 지배를 하게 된다.

따라서 이러한 집에 조경을 할 때 금에 해당되는 나무
를 심으면 좋지가 못하다.

사람으로 비유하면 배가 부른 사람이 음식을 자꾸 먹어
서 과식을 하는 격이다. 집안에서 없는 오행을 찾아서 조
경을 하는 것이 가장 현명한 방법이 될 것이다.

오행에서 수(水)에 해당하는 화분

　음양오행에서 행운목도 수(水)에 해당이 된다. 집안에 행운목으로 조경을 하게 되면 수기(水氣)를 보충해 줄 수 있다. 실내에 수기가 부족하다 함은 기두와 출입문에 의해서 판가름할 수 있다.

가령 출입문이 남쪽에 화국(火局)인데 기두가 동쪽의 목국(木局)이라면 이것은 물이 부족한 형국으로 수기가 많은 화분으로 조경을 해 주어야 한다.

인체에서도 비타민이 부족하다면 비타민을 먹어주듯이 풍수지리에서도 마찬가지로 부족한 것은 보태주고 많은 것을 제외시키면 처방이 되는 것이다.

출입문이 서쪽의 금국(金局)에 있고 집의 기두가 북쪽의 수국(水局)에 있는 가상에서는 토형(土形)에 해당이 되는 나무나 목형(木形)에 해당되는 품종을 많이 심어서 수기(水氣)를 제거해 주는 것이 좋다.

이렇게 오행의 상생상극을 무시하고 단순하게 조경을 한다는 것은 무리가 아닐 수 없다. 일류 조경사가 되려면 음양오행을 필히 알아야 한다.

풍수지리로 보아서 水가 부족하지 않다면 집안에다 행운목 같은 나무를 굳이 심을 이유가 없다. 행운목은 나뭇잎이 길게 늘어져 공기의 순환에도 지장이 있다.

오행에서 수(水)에 해당하는 식물

　모든 생물이 그러하듯이 식물도 음양오행에서 예외가 있을 수 없다. 실내에 화분을 하나 가져가 놓더라도 오행에 맞추어서 조경을 하는 것이 좋다.

　가령 집안에 수기(水氣)가 부족하다면 수기가 많은 나무의 화분이 필요하다. 수기가 많은 화분이 집안에 항상 놓여 있다면 부족한 수기를 보충하는 예이다.

화분의 나뭇잎이 길게 늘어져 있는 식물은 수(水)에 해당된다.

위 사진에 있는 화분이 아니더라도 수에 해당되는 나무가 많이 있다. 매화나무나 보리 또는 옥수수 같이 입이 길게 늘어진 나무는 오행에서 수에 해당이 된다.

집안에 수기(水氣)가 부족하다 함은 출입문이 남쪽에 화국(火局)에 있다든지, 집의 기두가 서남쪽에 토국(土局)이라든지 아니면 동북쪽에 토국(土局)이 되는 경우이다.

이러한 가상이라면 근본적으로 집의 주와 출입문이 불배합이 된다. 그러나 그 집에서 부족한 오행을 보충해 주게 되면 다소나마 처방이 될 수가 있다.

주택에서 오행 중 토기(土氣)가 많다면 금(金)의 기운이 강한 나무를 심어 주는 것이 좋다.

오행에서 수(水)에 해당하는 화분

　음양오행이 없다면 풍수지리 학문이 이루어질 수 없듯이 모든 사물에는 음양과 오행이 결부되어 있다. 풍수지리나 음양오행에 생소한 사람이라면 화분에까지 오행이 있느냐 혹은 화분이면 모두가 목(木)에 해당이 되지 않느냐

고 반문할지 모른다. 그러나 이것은 가장 기본적인 원리에서 나온다.

화분도 나무의 품종에 따라서 또는 잎의 생김새에 따라서 세밀하게 오행이 나누어지게 된다.

위 사진에서 보는 것처럼 잎이 넓고 길게 생긴 것은 수(水)에 해당이 된다. 실내에서 수기(水氣)가 필요한데 수를 키운다는 것이 목(木)이나 화(火)를 키울 수도 있고 금(金)을 키울 수도 있다.

그러나 집안에 수기가 부족하다면 수에 해당하는 화분을 키우는 것이 알맞다. 무엇이든지 부족하다면 보충해 주는 것이 좋다.

인간은 살아가면서 필요로 하는 것이 많이 있다. 배가 고프면 음식을 먹어야 하고 목이 마르게 되면 물을 마셔야 하듯이 무엇이든지 부족하고 필요하다면 채워줌으로써 만족이 되는 것이다.

오행에서 살구나무 석류나무는
목(木)에 해당이 된다

　살구나무나 석류나무는 오행에서 목(木)에 해당이 된다.
집안에 심는 나무는 집의 처마보다 키가 큰 것은 곤란하
다. 이것은 공기의 흐름을 흐려 놓기 때문이다.
　우리는 공기가 눈에 보이지 않음으로서 분별하지 못하

지만, 공기를 연구하는 학자들은 현미경으로 크게 확대를 해서 보게 되면 마치 물방울 같이 둥글게 된 입자가 있는데 그 입자가 음양을 이루어서 2개씩 붙어 있어야 이것이 산소가 된다.

우리는 매일 산소를 마시고 살고 있으므로 몸에 좋은 산소가 많이 만들어지도록 환경을 만들어서 제공할 필요가 있다.

산소를 만든다 함은 인위적으로는 불가능한 일이나 인간이 할 수 있는 일은 최대한 좋은 환경을 조성할 필요가 있는 것이다.

공기는 살풍(殺風)과 직풍(直風), 음풍(陰風) 같은 바람의 종류가 많으나, 신선한 산소가 만들어지는 과정은 가장 온화하고 평온한 환경 속에서 만들어지는 것이다.

오행에서 금(金)에 해당하는 나무

　나무의 종류는 수만 가지가 있는데 그 중 음양오행(陰陽五行)에서 목화토금수(木火土金水)의 오행 중 어느 오행에 해당이 되는지 알아 둘 필요가 있다.

　위의 감나무나 떡갈나무와 같이 잎이 약간 둥글다면 이

것은 금(金)에 해당이 되고 잎이 아주 넓고 오동나무나 토란 같은 것은 토(土)에 해당이 된다.

가상에서 금이 부족하다면 마땅히 이러한 나무로서 조경을 해주는 것이 좋다. 그러나 집의 주와 출입문이 금에 해당이 된다면 이것은 맞지가 않다.

음양오행이란 목(木), 화(火), 토(土), 금(金), 수(水) 이 다섯 가지를 말한다. 그러므로 어느 집이라고 해서 완벽할 수 없다. 자세히 관찰을 해 보면 부족한 오행이 있기 마련이다.

그러나 부족한 오행을 보충을 해서 조경을 해준다면 부족한 오행이 채워짐으로써 좋은 가상이 될 수 있다. 그리고 반드시 집의 처마 높이보다 낮은 나무를 심는 것이 좋다.

예부터 전해 내려오는 속설 중에는 집의 뜰 안에다 나무를 심었는데 그 나무가 점차적으로 자라서 지붕 높이보다 위로 올라가게 되니 집안이 망하였더라 하는 속설도 많지만, 양택 풍수적으로 보아도 이러한 경우는 좋지 않게 된다.

오행에서 토(土)에 해당이 된다

위의 사진에서 보면 나무의 품종은 화(火)에 해당한다. 화에 해당이 되는 이유는 간단하다. 나뭇잎이 잘고 끝이 뾰족뾰족하다. 이러한 나무는 오행에서 화에 해당이 된다. 그러나 나무를 조경하면서 몽땅몽땅하게 만들었다. 이것은 하나의 형체로밖에 볼 수가 없다. 나무는 자연 속에서 태어나서 스스로 자라나는 것이 특징이다.

그런데 이것을 마치 인간이 길들이듯이 모양을 다듬어 만들어 놓았으니 나무의 본래의 형태를 찾아보기 힘들다.

모든 사물이 그러하듯이 타인에 의해서 간섭을 받게 되면 이것은 자연을 파괴하는 것이나 다름없다. 그러고도 우리는 거기에서 어떠한 이익을 얻으려고 한다면 이것은 잘못된 발상이다. 이러한 사실을 터득하면서 조경을 하는 이들이 인테리어를 한다면 유익할 것이다.

위 사진처럼 나무의 형태가 되었을 때에는 어떠한 나무의 종류일지라도 토(土)로밖에 볼 수가 없다. 토기(土氣)가 왕성한 가상에서 토기에 해당하는 식물을 가꾼다면 이것은 그 가상이 잘 풀릴 리가 없다는 것이다.

그 외에도 나무의 형태가 저렇게 지면에 빽빽히 붙어서 깔려 있게 되면 지면에는 지기(地氣)가 원활하게 돌아 갈 수가 없다.

오행에서 향나무는 토(土)에 해당이 된다

　나무의 종류를 엄밀히 따져 보면 향나무나 소나무는 화 (火)에 해당이 되는 품종이다. 그러나 나무가 자라면서 가 지가 뭉쳐있고 인위적로 다듬는 과정에서 토(土)로 변하 고 말았다.

뿐만 아니라 땅에 붙어 있는 나무의 종류도 마찬가지로 본래 종류는 화(火)에 해당이 되는데 자라나는 과정에서 가위로 잘라서 다듬는 과정에서 토(土)로 변해 버렸다.

나무를 집 주변에 심었을 때에는 나무와 공기가 만나서 좋은 산소를 만들면 이것을 인간이 제공받기 위해 조경을 했을 것이다.

그러나 이것은 본래의 취지에서 벗어나 버렸다. 어디까지나 관상용으로 밖에는 볼 수가 없다. 그래서 나무를 하나 심어서 가꾸더라도 전문적인 지식이 필요하다.

그리고 가장 중요한 것은 나무를 뜰 안에 함부로 심어서는 안 된다.

과거부터 우리 조상들은 집 뜰 안에는 어떠한 나무는 심고 어떠한 나무는 심어서는 안 된다는 예가 있었다.

한 예로서 향나무 같은 나무를 뜰 안에서는 심지 않아야 한다는 것이다. 그런데 근자에 와서는 이를 무시하는 경우가 비일비재하다.

예를 들어서 집안에다 화형(火形)이나 토형(土形)의 나무를 많이 심어 놓게 되면 그 집에서 살고 있는 사람들은 하나같이 간장과 신장이 약해지게 된다.

오행에서 은행나무는 금(金)에
해당이 된다

위 사진에서 보다시피 은행나무를 뜰 안에다 심어 놓았다. 이러한 형태는 조경 인테리어에서 크게 벗어난 것이다. 은행나무는 오행에서 금(金)에 속하는 나무이다.

은행나무는 숙성하여 무진장 자라나는 것인데 국내에서

제일 큰 나무가 은행나무이고 은행나무에 최고 수명은 3000년을 넘는다.

　은행나무는 본래의 취지라면 넓은 공간에 자연 속에다 심어 주어야 몇 백년이고 마음대로 자라게 될 것인데 좁은 공간의 집 마당에다 심는 것은 무리이다.

　이러한 것은 조경공사를 하는 사람들이라면 알고 있을 사항이나 필시 주인이 모르고 심었을 것으로 본다.

　예부터 집안에는 유실수(有實樹)를 많이 심어 왔다. 대부분 감나무나 대추나무를 많이 심었고 앵두나무도 간혹은 볼 수가 있다. 그런데 은행나무를 심는 예는 드물다.

　은행나무가 위 사진과 같이 저토록 키가 크게 마당에서 자란다면 그 집에 살고 있는 사람들은 하나같이 위장과 간장의 기능이 약화될 것이다.

담장 외부 뜰의 조경

　담장의 외부에 조경을 할 때에는 담장의 내부와는 다른
점이 있다. 나무를 심을 때 집 건물에서 멀리 떨어진 경우
에는 나무의 높이가 지붕의 높이보다 키가 큰 것을 상관
할 바 없으나 담장의 외부라 할지라도 본 건물과 거리가

가깝다면 나무의 높이가 본 건물보다 약간 낮은 것을 심는 것이 알맞다.

이것은 옛날부터 우연히 전해 내려오는 속설 같지만 사실 그렇지 않다. 풍수지리는 어떤 속설에 의해서 하는 학문이 아니다.

다만, 집 주변에 나무가 있다면 이것은 공기의 흐름을 막아 주는 역할을 할 뿐 아니라 나무의 뿌리에서부터 나무 가지의 끝 부분까지 기(氣)를 뽑아 올리는 역할을 하게 된다.

그래서 과거부터 집안에 있는 나무가 지붕보다 키가 크다면 이것은 흉격(凶格)으로 본다. 위 사진처럼 나무를 심어서 담장의 역할을 하게 된다.

그래서 담장이 없는 집이라면 당연히 담장의 역할을 할 수 있도록 규격을 맞추어서 조경을 하는 것이 좋다.

조경인테리어를 하는 기술자라면 풍수지리 공부를 하여 실력을 발휘한다면 최상의 조경을 하게 될 것이다.

귀격(貴格)의 식탁

가정집에서는 식탁 하나라도 세심하게 신경을 써야 한다. 옛날에는 식탁을 대신해서 밥상을 차려놓고 식구들과 둘러앉아서 식사를 하곤 했다. 그 때만 하더라도 밥상의 모서리가 심하게 튀어 나온 것이 많았다.

그러나 근래에 와서는 가구의 기술이 좋아지고 디자인과 인테리어가 발전되면서 식탁의 모서리가 없어지게 되었다.

사진에서 보다시피 모서리가 자연스럽게 둥글고 모가 없어지게 되었다. 일상생활에서 모양이 좋고 보기에도 흉하지 않는 것이 풍수 인테리어의 기초가 되는 것이다. 이것은 하등에 탁자 뿐만 아니라 가상을 볼 때에도 마찬가지이다.

그리고 나무로 탁자를 만들었다는 것이 가장 위생적일 뿐만 아니라 음양오행에서 집안에 목기(木氣)가 부족하다면 그것을 보충해 주는 역할을 하게 된다.

식탁일지라도 네모서리가 뾰족하게 튀어나왔다면 어린 아이들이 뛰놀다 이마라도 다치면 어째나 하는 조바심을 가지게 될 것이다. 풍수 인테리어란 인간이 유용하고 안전하게 생활하는데 그 목적이 있다.

아파트에 목기(木氣)를 채워라

　현대인들은 집안에 시멘트 공간에서 생활을 하게 된다. 그것은 아파트 뿐만 아니라 단독주택, 빌라 할 것 없이 거의 철근과 시멘트로 집을 지었기 때문에 목(木)에 기운이 가장 적다.

인류가 살아오면서 나무를 가까이 하였고 생활에 모든 것이 나무와 관련이 있다. 그러나 근래에 와서는 나무를 접하는 시간이 매우 적어졌다. 그렇다면 우리는 조경 인테리어를 할 때 나무의 기운은 많이 받을 수 있게 하는 것이 좋다.

일반 가정에서는 나무로 인테리어를 하는 곳이 많은데 첫째는 마루를 나무로 할 수 있고 문을 만들 때에도 나무 재료를 사용하면 나무에 기운을 얻게 된다.

과거에 조상들은 농경생활을 하다보니 자연히 나무와 더불어 살아 왔다. 그 결과 조상들은 건강한 생활을 영위해 왔고 후손들에게 물려주었다.

우리 조상들은 나무에 영향을 어느 민족보다 가장 많이 받아서 생활하던 관습이 전해지게 됨으로써 우리 한반도를 목국(木局)이라 하게 된다. 물론 지구의 표면에서 동쪽이기도 하다.

아파트의 출입문과 기두(起頭)

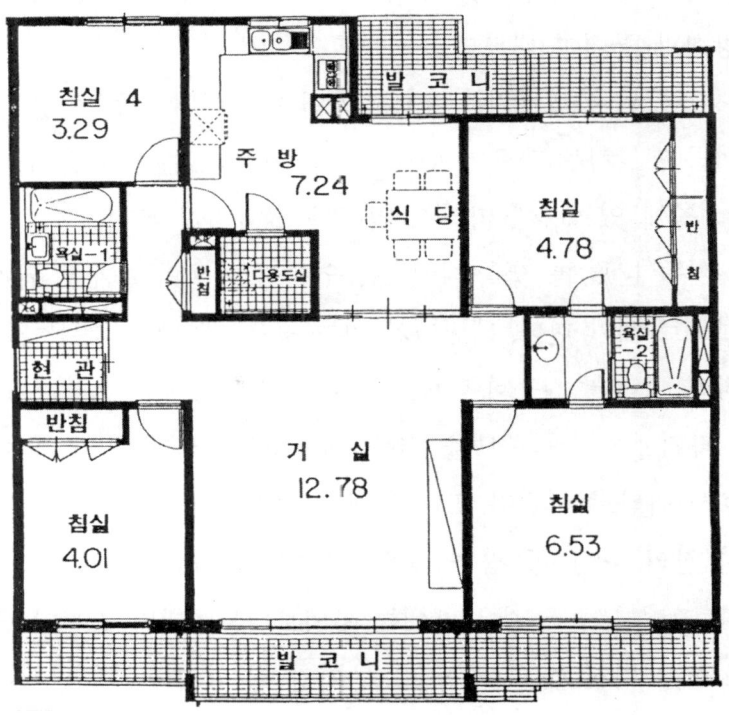

예전에는 주택의 구조가 단독주택이 대부분이었다. 그래서 집의 기두와 대문을 위주로 길흉화복을 논하게 되었다. 그러나 근래에 와서는 생활공간이 아파트로 변하고 사무실, 빌라, 원룸, 오피스텔 형태로 변모해 가게 되었다.

풍수지리를 공부하고 연구하는 이들도 열심히 하지 않으면 변해가는 환경에 적응을 하기가 힘들 것이다.

아파트를 볼 때 단독주택의 개념으로 보게 되면 이것은 잘못된 방식이다. 아파트는 아파트대로 풍수지리를 보는 방식과 공식이 다르다.

가령 위 아파트의 구조대로라면 베란다가 있는 쪽을 앞이라고 말하는 경우가 있다. 그러나 아파트는 현관문이 어느 쪽에 있느냐에 따라서 앞뒤가 달라지게 된다.

기두(起頭)를 잡을 때에는 출입문과 기두의 관계를 원칙적으로 해야 한다. 베란다가 있는 곳을 앞이라고 계산하게 되면 이것은 길흉화복이 완전히 반대로 된다.

과거에는 단독주택을 전문으로 풍수지리를 해 오던 예로서 아파트나 빌라 또는 근래에는 원룸까지 등장하게 되니 집의 주(主)를 잡는 데에 상당히 어렵게 느껴질 수 있다. 그러나 주를 잡을 때에는 무엇보다도 3대의 원칙이 필요하다. 가장 높고, 가장 넓고, 가장 힘 있고의 3대 원칙이 적용되는 것이다. 이것을 고광력(高廣力)이라 한다.

목형산(木形山)의 안산(案山)

　모든 사물은 그 형태에 다라서 주변의 환경을 지배하게 된다. 가령 마을이나 집이 있는데 안산의 모양이 이렇게 보이게 된다면 필시 안산의 영향을 받게 된다.

　그것은 풍수지리에서 본체는 본인이요 주인이고 안산은

손님이요 배우자 또는 상대자가 되는 것이다. 사람은 상대에 따라서 본인에 성격과 행동이 **변화되어** 가기 마련이다.

가령 성인군자와 마주 앉아서 대화를 한다면 자신도 모르게 성인군자가 되어 갈 것이고 반대로 인격이 좋지 못하고 과격한 사람과 매일 상대를 한다면 본인도 자연히 닮아갈 것이다.

위 사진에서 보는 산은 목산(木山)이면서 주변을 둘러싼 산들이 화산(火山)의 형태를 하고 있다. 주변의 산이 **화산이면** 오행이 목생화(木生火)로서 생(生)을 하게 되어서 좋은 현상이다.

그리고 목산 자체도 매우 잘 생겼다. 어떻게 보면 성스럽게 보이기도 한다. 집을 지을 때에는 주변의 환경이 매우 중요하므로 눈앞에 보이는 안산의 영향이 크게 미치게 된다.

주택명당

부 록

가상(家相)과 사주(四柱)에 맞는 그림

　가을은 오곡이 무르익고 만물이 열매를 맺어 알맹이를 가득 채우는 풍요로운 계절이다. 이것은 필시 우리 인간뿐만 아니라 모든 생명체에게도 마찬가지이다.

　찬 서리가 내리고 추워지기 전에 겨울에 먹을 양식을

준비하느라 분주한 계절이기도 하다. 하지만 가을이 잠시 지나면 겨울이 오기 마련이다. 겨울에는 모든 만물이 얼어붙게 된다.

매화는 찬 서리를 맞고서 꽃을 피우니 그 향기가 맑다 하여 음양오행에서는 水에 해당된다. 水의 색깔은 검은 색깔이요, 방향은 북쪽이요, 숫자는 1과 6의 숫자이며, 그림은 매화라 하였다.

사주 내에서 水가 부족하면 인체에서 신장이 허약하며 氣가 허하고 나약하다.

그래서 잠자는 방향은 머리를 북쪽으로 두고 매화 그림을 걸어두는 것이 좋다. 집에도 기두와 출입문에 의해서 水氣가 부족할 수 있다. 모든 오행에서는 그 부족함을 채워 주는 것으로써 만족을 하게 된다.

겨울이 지나면 따스한 봄이 돌아오게 되고 봄에는 모든 만물이 활기를 되찾고 생명체는 자라나게 되므로 이것이 대우주의 순환의 이치이다.

봄의 계절은 동쪽이요 오행에서는 木이요, 인체에서는 간(肝)에 해당이 되며, 가져야 할 그림으로는 난초요, 색은 녹색이며, 숫자는 3과 8이 木의 숫자에 해당이 된다. 그래서 오행이 木이 부족한 사람은 잠자는 방향은 동쪽으로 머리를 두는 것이 좋다.

그리고 집의 실내에서 木이 부족하다면 난초 그림을 걸어두는 것이 좋다. 봄에 싹을 튼 식물은 무더운 여름이 되면 태양의 에너지를 받고 줄기찬 빗물에 의해서 힘차게 한없이 무성하게 펼치게 된다.

태양이 왕성한 무더운 여름철은 오행에서 火에 해당이 되는 계절이다. 사계절 중에서 火에 해당되는 여름철의 식물은 대나무이다.

사주와 가상에서 火가 부족하다면 대나무 그림이 좋고 색은 빨간 색이며 방향은 남쪽이고 숫자는 2와 7의 숫자이고 잠자는 방향은 머리를 남쪽으로 두는 것이 좋다.

사주와 집의 가상에서 火가 부족하다면 심장이 약하고 잘 놀래며 소심하기가 쉽다.

시원한 바람과 함께 만물은 씨앗을 만들게 되고 더러는 꽃을 피우면서 분주한 시기가 접어들게 되는 것은 사실이다. 하지만 만물과 오곡이 무르익어가는 과정도 따지고 보면 우리 인생살이와 조금도 다른 것이 없다.

인간은 사계절처럼 생애를 살게 된다. 생명을 얻어서 성장하여 왕성한 젊음을 지나게 되면 세상에 단맛과 쓴맛을 보게 되고 드디어 인생에 값진 맛을 알게 된다. 그래서 인생은 노년이 되어 늙어서야 철이 드는지도 모른다.

가을철은 사계절 중에서도 결실을 맺는 계절이다. 그래

서 알맹이가 가득 차 있는 것이 열매가 金이라 했으니 우리 인간도 사주 오행에서나 집의 가상에서 金이 없다면 가장 값진 결실이 없다는 뜻이 되겠다.

金은 사주에서 매우 중요한 위치를 차지하고 있다. 가상에서도 그 영향을 받게 된다. 인체에서는 오장육부에서 폐와 대장에 해당한다.

폐는 숨을 쉬는 곳이고 통하는 곳은 털이라 했으니 피부와 직접적인 영향을 가지고 있다. 그래서 사주 오행에서 金이 부족하다면 폐나 기관지가 약하다는 것이다.

사주와 가상에서 金이 부족하다면 국화 그림이 좋고 색은 백색이며 방향은 서쪽이고 숫자는 4와 9의 숫자이고 잠자는 방향은 머리를 서쪽으로 두는 것이 좋다. 음양오행이란 어느 하나라도 중요하지 않는 것이 없다.

그래서 金이 부족하다면 사계절 중에서 가을철에 해당되는 식물을 취하게 된다. 국화 그림을 걸어둠으로써 金氣를 발산하게 된다.

산수화는 오행에서 土이다. 土는 사방위를 연결해 주는 오행으로 사주에서나 가상에서 土가 부족하다면 산수화 그림을 걸어두는 것이 가장 좋다.

오행에서 매화(梅花) 그림은 수(水)이다

　사군자 중에서 매화는 음양오행에서 水에 해당이 된다. 사방위와 사계절이 음양오행에 해당되는 식물이다. 옛 선인들은 만물의 조화를 잘 읽어 우주만물의 이치를 일관성 있게 잘 정리를 해놓고 있다.

하지만 우리 현대인들은 옛 선인들이 오랜 세월 속에서 터득하여 연구하고 일구어 놓은 학문의 체계를 너무나 소홀히 대하는 경우가 비일비재하다.

음양오행하면 생소한 학문처럼 여기는 경우도 허다하다. 하지만 이것은 분명 우리 생활과 밀접하게 관련이 되어 있으며 과거뿐만 아니라 앞으로도 떼어 버릴 수 없는 것이 주역의 학문인 음양과 오행인 것이다.

우리는 봄, 여름, 가을, 겨울 순으로 부르지만, 사실상 음양오행에서는 겨울이 1번이다.

겨울은 북쪽이고 오행에서는 水이기 때문이다. 천지가 조화를 이루고 수억년 전 지구가 형성될 때 첫 번째로 물이 생겨남으로써 만물이 형성되었다. 또한 주역에서도 매화는 水로서 첫 번째에 해당이 된다고 하였다.

그런데 매화는 겨울철 식물이기도 하지만 북쪽의 식물로서 얼음 속에서 꽃을 피워 맑은 향기를 내뿜는다.

매화 그림을 그릴 때 水를 생하는 구도와 기법을 사용하여야 음양오행에서 水를 생성할 수 있는 것이다. 따라서 사람의 사주를 풀어서 水가 없거나 가상에서 水가 부족하다면 매화 그림이 더 없이 필요하다. 목이 마른 사람은 물을 마셔야 하듯이 사주 또한 마찬가지이다.

만일 사주나 가상에서 水氣가 없다면 어떻게 될까? 물이

없다면 이 지구가 탄생할 수도 없듯이 사주에서 水가 없이
는 성격이 메마르며 水가 모든 만물의 씨앗인 만큼 자손 또
한 귀하다. 정력이 부족하여 건강도 좋을 수가 없다.

그리하여 인체의 오장육부에서도 水는 신장이요, 신장
은 또 오장육부 중에서 제1번이라, 만약 신장에 고장이 나
면 약도 없다는 것이다.

실제로 신장이 한번 나빠지면 약으로도 회복이 될 수
없는 것이 사실이다.

이렇게 되면 水를 생하는 구도와 기법을 사용한 매화
그림을 걸어두고 水氣를 얻는 것이 제일 중요하다.

그러나 아무리 옛 선인들이 오랜 세월 연구하여 만들어
놓은 것이라 할지라도 이를 실천하고 공부하는 사람들이
없으니 알 리가 없다는 것이다.

음양과 오행을 충분히 연구하여 그린 그림이라면 필시
그림에서 氣가 발산하여 큰 효과를 보게 될 것이다.

오행에서 난초(蘭草) 그림은 목(木)이다

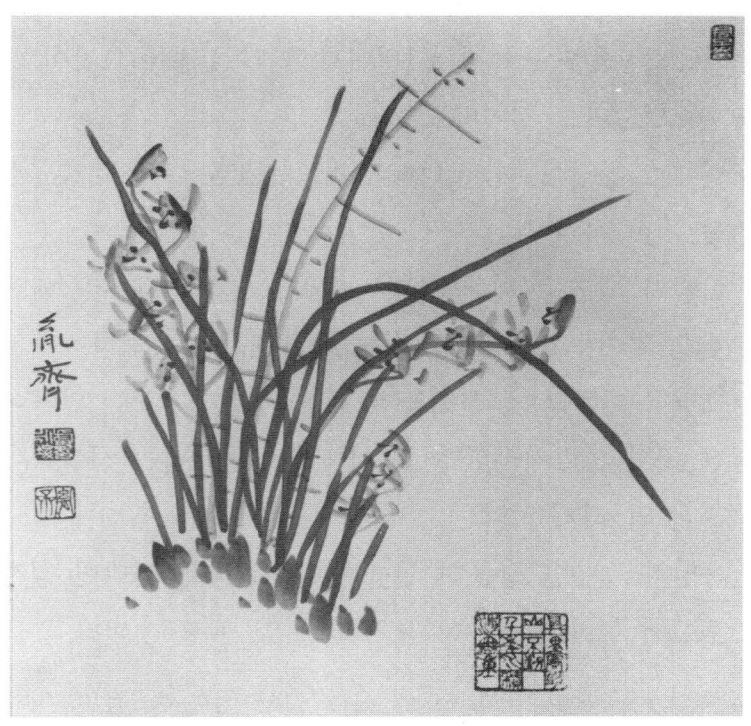

사군자 중에서 난초는 봄의 식물로서 동쪽에 해당된다. 동쪽은 음양오행에서 木으로 보는 것이다. 어떤 사람이 어떤 그림을 가져야 하는지를 알고 있는 사람은 그리 많지 않다.

필자는 그림을 그리기 위해서는 우선 자연을 알아야 하고 자연을 이해하고 격에 맞춰 그림을 그림으로써 기운(氣運)이 생동하는 그림 즉 살아있는 그림을 그릴 수 있다는 옛 선인들의 말에 따라 주역과 풍수지리를 오랜 세월동안 연구해 왔다. 그 결과 많은 것을 이해하고 느끼게 되었다.

이 세상에는 많은 식물과 동물과 우리 인간들이 살고 있다. 하지만 서로 서로 그 기질과 형평성이 맞는 것이 있는가 하면, 서로가 적대적인 반대 세력도 많다는 것이 자연의 이치이다.

우리 인간도 서로를 도와 가며 도움을 주는 사람이 있는가 하면 심지어는 부모와 형제끼리도 서로에게 해를 주는 세력도 있으며, 만나기만 하면 서로를 미워하고 손해만 끼치는 관계도 있다는 것이 세상사의 이치인 것이다.

하물며 우리 인간이 살아가는 데에는 많은 수수께끼가 숨어 있는 것이 사실이다.

심지어는 주역에서 말하는 음양오행의 진리도 사람마다의 성격과 인품이 다르고 체질 또한 다름으로써 음식물을 섭취하는 데에도 알맞은 음식이 있는가 하면, 입고 다니는 옷의 색상이라든지 가져야 할 물건도 다르다는 것이 확연하다.

사주의 오행에서 가령 木이 없다면 그 사주는 어떻게 해석할 것인가.

木이란 원래 말 그대로 나무를 말하는 것이다. 사주에서 木이란 엄청난 역할을 담당하고 있다. 내가 살고 있는 집에서도 木의 기운이 약하다면 木氣가 약하여 고장이 나게 될 것이다.

우선 木이란 우리가 집을 지을 때도 상기둥이 木이요, 산야에서 자라나는 초목은 모두 木이다. 아무리 기름진 땅이라도 초목이 없다면 이것은 황폐화된 땅으로밖에 볼 수가 없다.

木이란 자라나는데 상징적인 뜻이 내재되어 있다. 사주 내에 木이 없으면 자라나는 기운이 약하다는 뜻이고 성격에서부터 노력을 할 수 있는 여력이 없을 것이요 인체에서 상기둥이란 척추를 말함이다. 사주나 가상에서 木이 없는 사람은 대부분 허리 부분이 약하다고 판단하는 것이요, 오장육부에서의 木은 간에 해당되므로 木이 없다면 이는 필시 간의 기능이 약하다고 보는 것이며, 간은 눈으로 통한다 하였으니 눈이 필히 나빠질 것이다.

그래서 어느 하나의 오행도 중요하지 않은 것이 있을까 마는 木이 담당하는 역할이 이처럼 크다는 것이다.

그래서 그림을 그릴 때 오행의 이치에 맞추어 그림으로써 그림에서 氣가 발산하고 수맥까지 차단하는 힘이 나오게 되는 것이다.

오행에서 대나무(竹) 그림은 화(火)이다

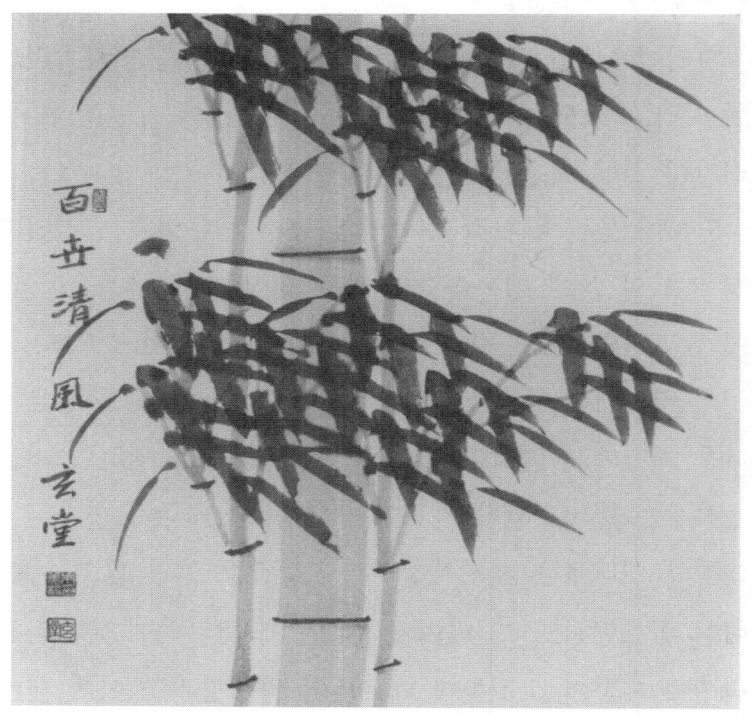

대나무의 특징은 열대성 식물이면서 남쪽에 해당하는 식물이다. 5~6월에 죽순이 돋아나와 성장기일은 불과 15일에서 20일 정도밖에 되지 않는다. 그리고는 100여년을 살면서 여무는 것이 대나무의 특성이다.

그래서 과거 중국에서는 대나무의 강한 기질은 강한 태풍에도 굴하지 않고 잘 꺾이지 않는 여름철의 식물로서 대표적인 군자의 식물로 지정되어 왔다. 음양오행에서는 2번째로 오행에서 火에 속한다.

과거에는 대나무 그림을 그려서 월하산수죽(月下山水竹)이라고 쓰고서 벽에다 걸어두면 모든 액운(厄運)이 물러간다 하여 먹을 다루는 선비들이 즐겨 그렸다.

일찍이 중국의 황하강 유역의 농경지 문화가 발전하면서 인간의 삶에 행복을 기원하는 의식 속에서 점술이 많이 발전되면서 대나무는 그 도구로도 사용되어 왔으며, 중국의 역사에서 묵객들은 수천 년을 통해서 대나무의 군자다운 기질에 감탄하여 대나무 그림을 한 폭 칠하는 것을 몰라서는 선비로서의 자질마저 의심스러울 정도이다.

특히 대나무는 사시사철 푸른 절개를 잃지 않고 속이 비어 있으면서도 그 마디가 견고함에 감탄하여 군자라는 덕행에 기품이 고결한데 매료되어 양주팔괴는 아예 대나무 밭에서 살았다는 이야기가 전해진다.

양주팔괴(揚州八怪)란 중국의 청나라 소금의 집산지로 알려진 상업도시 양저우에서 활동한 8명의 화가들로써 김농, 황신, 이선, 왕사신, 고상, 정섭, 이방응, 나빙 등이 전통적인 화법에 구애를 받지 않고 독창적이고 개성적인 화법으로 화훼나 인물을 다룬 화가들이다.

우리 조상들도 예부터 아기가 출산할 때 잡기가 침범하지 못하도록 금줄을 칠 때도 대문에다 대나무로 양쪽에 세웠다. 대나무는 음양오헝에서 따져보면 火로 이루어져 있는 바, 사람마다의 사주팔자란 다 골고루 타고 날 수는 없는 법인데, 그 중에서도 사주에서 火가 부족하거나 가상에서 火氣가 없다면 대나무 그림을 음양오행으로 맞추어 걸어두면 火氣를 얻게 됨으로써 몸과 마음이 건강해 지는 것이다.

물론 사주학에서 火가 부족하다면 잠자리를 할 때에도 머리를 남쪽 방향으로 하는 것이 좋고 옷을 입어도 빨간색을 입는 것이 좋을 것이고, 숫자를 쓸 때에도 2와 7의 火의 숫자가 좋다.

오행에서 국화(菊花) 그림은 금(金)이다

　사군자는 사계절의 식물이고 사방에 해당되며 음양오행에 해당이 된다. 사군자를 지정할 때 옛 선인들이 주역에 음양오행을 맞추어서 만들었다. 각 계절마다 음양(陰陽)이 다르고 각 방향이 다르기 때문에 각 계절의 식물 중에서도 가장 특징이 있고 음양오행의 기질을 많이 가진 식물을 대표하여 사군자로서 지정하게 된 것이다.

하물며 사람도 인품과 학덕을 갖추지 않고는 군자의 칭호를 받기 어려운데 식물을 군자로서 정했다는 데에는 상당한 큰 뜻이 내재되어 있다.

우선 계절적인 식물을 파악해 본 결과 국화는 사계절 중에서 가을철에 해당되는 식물이다. 가을은 서쪽이고 음양오행에서는 金이 된다. 그래서 국화는 서방 金으로 보는 것이다.

우리 인간의 사주에서 金이란 매우 중요한 역할을 하게 된다. 어느 것 하나라도 소중하지 않은 오행이 없듯이 金은 결실을 말함이요, 우리가 일년 내내 농사를 짓는 것과 봄에 씨앗을 뿌려서 여름에 가꾸어 김을 매고 가을에 결실을 보기 위함이다.

사람의 사주와 가상에서도 金이란 매우 소중하다. 金이란 말 그대로 보석이요 인생살에서 명예와 인격과 권위를 나타내는 상징이다.

인간은 관록(官祿)이나 명예를 얻기 위해서 밤낮으로 노력하고 공부하고 인격을 쌓는다. 예부터 호랑이는 죽어서 가죽을 남기고 사람은 죽어서 명예로운 이름을 남긴다고 하였다.

특히 인체에서의 金은 폐와 대장의 기능을 하게 된다. 사주나 집의 가상에서 金이 부족하면 호흡기 질환이나 폐, 대장에 이상이 생기게 되어 있다는 것이다.

사군자의 그림을 그릴 때에는 金을 생하는 구도와 기법 또한 중요하다. 그림에 오행이 맞지 않고서는 氣를 발산하지 못함으로써 이는 죽은 그림이나 다를 바가 없다.

사군자 그림이야 누구나 가져도 좋지만, 金에 기운이 부족하다면 특히 닭띠나 원숭이띠에게는 금상첨화로서 잘 맞다. 하지만 더 중요한 것은 사주를 풀어보고 그 사람의 사주 오행에서 제일 부족한 오행의 그림을 가지는 것이 건강과 행복을 가져올 것이다.

오행에서 산수화(山水畵) 그림은
토(土)이다

시대의 변화에 따라서 우리 한국 전통 예술인 한국화가 점차로 퇴색되어가는 느낌마저 든다. 하지만 그림을 그리는 화가의 입장에서는 오히려 작품을 할 때 쏟는 정성이 부족해서가 아닌가 하는 생각이 들 때도 있다.

과거 중국 회화사에서부터 흘러 내려온 기법에 의하면 그림은 손으로 그리는 것이 아니라, 마음으로 그리는 것이라고 하였다. 그림을 그리는 사람과 그림을 감상하는 사람의 마음을 감동시켜서 마치 푸른 초목이 나부끼며 물이 흐르는 소리마저 마음속에서 들려오는 것처럼 느끼게 하는 것이다. 그래서 과거 선인들은 그림을 그리는 기법을 가르치기보다는 그 사람의 정신적인 스승인 마음을 가르치고 화가의 자질과 인격을 소중히 여겨왔던 것이다.

그림의 세계를 잘 모르는 사람들은 손재주가 좋아서 보기 좋고 아름답게 묘사해 놓은 그림을 보고 좋은 그림으로 착각하기 쉽다.

하지만 진정한 예술이란 보기 좋고 모양만 가지고는 진정한 예술이 되기는커녕 오히려 시간과 물자만 낭비하는 꼴이 되고 마는 것이다.

마땅히 그림을 한 폭 그리기 위해서는 수십 년을 갈고 닦고 수천 수만 번의 노력 끝에 붓으로 한 획을 그어도 마치 살아서 움직이는 필력이 스며 있으므로 기운생동(氣韻生動)하여 살아 있는 그림이 될 수 있을 것이다.

그림 속에는 작가의 혼신이 배어 있으므로 氣가 투사되어 氣를 발산함으로써 보는 이와 동기감응(同氣感應)이 되어 감동과 마음을 움직이는 힘이 배어 있다고 보는 것이다.

산수화는 나무나 흙과 돌, 산과 들, 혹은 우리 인류의 보금자리인 집이라든가 누각들에 자리를 잡고 있다. 모든 만물을 일일이 표현하기란 힘들지만, 그래도 대지의 일부분을 묘사해 놓은 것이다.

주역의 이론에서 음양의 이치대로 배치를 잘 해놓았다면 마땅히 土에 해당된다. 이런 그림이라면 사주에서 土가 부족한 사람에게는 제일 좋을 뿐 아니라 양택 풍수에서는 가상에서 土氣가 없다면 산수화 그림이 좋다는 것이다.

土는 중앙토(中央土)로서 숫자는 5와 10이고 오행을 연결하는 데 있어서 중요하다는 사실은 누누이 설명해왔다. 土는 재산과 부(富)를 상징하며 인체에서는 위장에 해당되며 사주에서 土가 부족하다면 위장계통이 나쁘거나 허약하여 고장이 잘 나곤 한다.

이러한 사람에게는 산수화 그림이 제일 좋다는 것이 음양오행의 이론이다. 산수화 그림을 걸어두고 보면 형상적으로 본인에게 부족한 土에 기운이 보완되어 가는 것이다. 이를 두고 우리 인간은 살아가면서 팔자를 고친다는 말이 나오게 되었는지도 모른다. 체질에 따라서 음식이나 입는 옷의 색깔도 다르고 잠잘 때 머리를 두어야 할 방향도 제각기 다르듯이 그림 또한 본인에게 알맞은 그림을 걸어두는 것도 하나의 방법이 되는 것이다.

윤제(胤齊) 노영준(盧永埈)

사단법인 한국자연지리협회 이사장
사단법인 한국자연지리협회 풍수지리 역학 강좌
한국교육학술정보원 풍수지리학과 선정 평가위원 역임
30년 이상 풍수지리 역학 연구
일본 니가타 대학 및 문화원 풍수지리 초청강좌
한국일보 강사 10년 이상
EBS 교육방송 연재
국립현대미술관 작품소장 작가 및 초대작가
KBS, SBS TV [복권명당] [박사마을] [맞선명당]
[봉하마을] [행운을 부르는 명당자리] [연리지소나무] 등
풍수지리 관련프로그램 다수 출연

저 서
· 역학의 비결 초급, 중급, 고급
· 사주 비결록 초급, 중급, 고급
· 명당의 기운 초급, 중급, 고급
· 명당의 비결 초급
· 양택의 비결 초급
· 양택풍수 실전인테리어 초급
· 양택풍수 주택인테리어 중급
· 양택풍수 고급인테리어 고급
· 명당은 있다(현장감정예)
· 역학사전

사단법인 한국자연지리협회
WWW.PS21C.COM
Tel : 929-1188, 3291-1188

주택명당

2006년 2월 5일 인 쇄
2006년 2월 10일 발 행

著 者 사단법인 한국자연지리협회
회장 盧 永 埈

發行人 秦 誠 遠

發行處 **경덕출판사**
서울시 성북구 정릉3동 653-40
등록 : 2003. 9. 23. 제6-517호
전화 : 912-0856, 917-6240
FAX : 912-4438
jin@baek-san.com

값 20,000원
ISBN 89-91197-18-3